Adlassnig · Tschirk

Powidl und Kaiserschmarrn

Hans Adlassnig · Roman Tschirk

Powidl und Kaiserschmarrn

Wörterbuch der österreichischen Küche

Alphabet von Rudolf Angerer

Amalthea

Umschlagzeichnung: Rudolf Angerer
Satz: SatzStudio Pfeifer, Germering
Gesetzt aus der 10/12· Palatino
Druck und Bindung: Wiener Verlag, Himberg bei Wien
Printed in Austria 1987
ISBN 3-85002-243-9

Inhalt

Noch ein paar Worte vorher...

Die deutsche Sprache kennt vielerlei Dialekte. Es ist daher nicht verwunderlich, daß Norddeutsche und Süddeutsche miteinander in sprachliche Schwierigkeiten geraten. So verhält es sich aber auch mit dem sagenhaften »Österreichischen«, das vielen unserer Urlaubsgäste unverständlich erscheint.
Wenn manche es auch nicht recht glauben können: auch bei uns in Österreich wird »deutsch« gesprochen. Dennoch haben wir österreichweit für verschiedene Dinge Bezeichnungen und Namen, die man schon im bayrischen Raum nicht mehr hört.
So gibt es zum Beispiel bei uns in Österreich das Kilo und nicht das Pfund, zu den Kartoffeln sagen wir Erdäpfel und die Tomaten heißen bei uns Paradeiser.
Bei uns aber gibt es auch das »Gröstl«, den »Grenadiermarsch« usw., also Speisen, die man auf keiner deutschen Speisenkarte findet. Das »deutsche Beefsteak« ist bei uns nach wie vor ein »faschiertes Laberl« und der Blumenkohl verwandelt sich in den »Karfiol«. Aber nicht nur beim Essen, auch beim

Trinken gibt es sprachliche Schwierigkeiten. Wir Österreicher brauen unsere eigenen Biere, wie wir auch unseren eigenen Wein keltern. Und wenn man in deutschen Landen seinen »Schoppen Wein« bestellt, so verlangt man bei uns sein »Vierterl«. Das Glas Bier ist bei uns ein »Seidel« und die bekannte »Halbe« ein Krügerl.
Um dererlei sprachliche Schwierigkeiten zu bewältigen, haben wir dieses Büchlein geschrieben; es soll dem deutschsprachigen Urlauber in unserem Land ein Führer durch Küche und Keller sein.

Wien – Velden/Wörthersee H.S. Adlassnig
im Frühjahr 1987 Roman Tschirk

Österreichisches Kuchllexikon

Agrasl

Stachelbeere

Ananas

Außer der herkömmlichen Bedeutung für die exotische Frucht auch Bezeichnung für die Gartenerdbeere

Apfelauflauf

Halbweich gedünstete, geschälte und halbierte Äpfel, die mit Eigelb, flaumig gerührtem Zucker, geriebenen Walnüssen und dem geschlagenen Eiweiß übergossen, langsam in Fett gebacken und vor dem Servieren mit Puderzucker bestreut werden

Apfelkren

Mit Zitronensaft oder Essig, Zucker, Meerrettich und Salz vermischte, geschälte und zu Brei geriebene beziehungsweise gekochte Äpfel. Vorwiegend Beilage zu gekochtem Rindfleisch wie Tafelspitz (s. d.)

Apfelschmarrn

Feinblättrig geschnittene geschälte Äpfel, in einem Teig aus Mehl, Milch, Eigelb und Zukker getaucht und in einer gefetteten Pfanne im Rohr gebacken

Apfelspalten

Etwa einen halben Zentimeter dicke Apfelscheiben, in Backteig getaucht, in heißem Fett gebacken und mit Zucker bestreut

Äpfel im Schlafrock

Der »Schlafrock« ist ein Blätterteig, in dem kleine Äpfel eingeschlagen sind. Vorher werden die Kerngehäuse ausgestochen und mit Marmelade gefüllt. Das ganze mit zerquirltem Ei bestrichen und im Rohr gebacken

Apfelstrudel

Dünne Apfelspalten mit geriebener Zitronenschale, feingehackten Walnüssen, Zukker und Rosinen vermischt, auf einen mit Ei bestrichenen Blätterteig gelegt, eingerollt und im Rohr (Backofen) gebacken. (Bei einem »ausgezogenen Apfelstrudel« handelt es sich um einen Strudelteig aus »gezogenem Teig«)

Aschanti

Erdnuß

Backerbsen

Suppeneinlage, die aus in Fett gebackenen Teigtropfen besteht

Backhendl

Geteiltes und paniertes junges Huhn, in heißem Fett gebacken

Bauernschmarrn

Ein mit zwei Gabeln zerrissener Eierkuchen, dem kleinwürfelig geschnittener Räucherspeck sowie Räucherfleisch und Kartoffeln beigefügt werden

Bauernschmaus

Schweinebraten, Geselchtes (Geräuchertes vom Schwein), Wiener Würstchen, Klöße und Sauerkraut, gemeinsam als Riesenportion serviert

Beinfleisch

Rindfleisch von der Quer- oder Zwerchrippe

Beiried

Rippenstück aus dem ausgelösten Rinderrükken

Beschwipster Kapuziner

Gebackene Masse aus Zucker, Eigelb, Schokolade, Nelken, Zimt, Paniermehl und geschlagenem Eiweiß, die mit Rotwein, Zucker, Zimt und geschlagener Sahne übergossen wird

Beuschel

Mit verschiedenen Gewürzen säuerlich gekochte, nudelig geschnittene Lunge, meist vom Kalb. Vorwiegend mit Klößen serviert

Biegel

Keule, speziell vom Geflügel

Biskotte

Löffelbiskuit

Blunz'n

Blutwurst

Brein

Hirse

Brettljause

Aufschnitt aus Speck, Geräuchertem vom Schwein, Schweinebraten, geräuchertem Bruststpeck, Würsten und Käse, auf Holztellern serviert

Brösel (Semmelbrösel)

Paniermehl

Buchteln (Wuchteln)

Mit Marmelade gefüllter Hefeteig, kinderfaustgroß im Rohr gebacken und meist mit Vanillesoße serviert

Butternockerln

Suppeneinlage aus abgerindeten, aufgeweichten und passierten Brötchen, die, mit Butter, Salz, etwas geriebener Muskatnuß, Mehl, Eigelb und steifem Eiweiß vermengt, in Salzwasser gekocht werden

Butterschnitzel (Faschiertes)

Frikadellen (Buletten) aus Kalbfleisch, in Butter gebraten

Butterteig

Blätterteig

Cremeschnitte

Ein dünner Blätterteig unten und oben, dazwischen Vanillecreme. Garniert mit Johannisbeermarmelade und Zitronenglasur

Crêpes

Besonders feiner Pfannkuchen

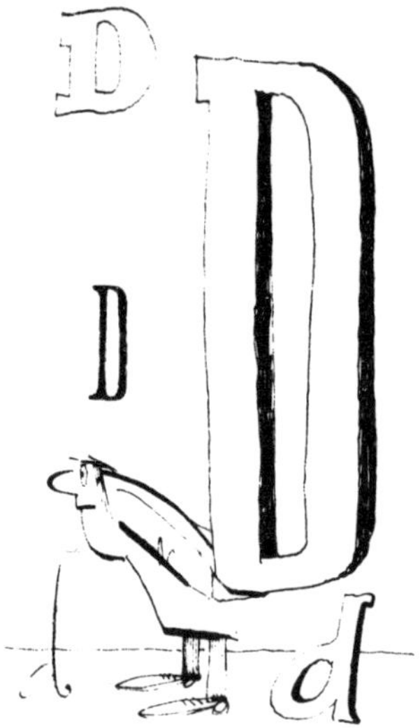

Dampfl

Hefe-Vorteig

Dampfnudeln

Hefeteig, der in Form daumengroßer Nudeln im Ofen gebacken und in Vanillecreme und heißer Milch serviert wird

Debreziner (Würstchen)

Ähnlich dem Frankfurter (Wiener Würstchen), jedoch durch Beigabe von mehr Paprika und Speck an die ungarische Küche erinnernd

Dalken

Dicker kleiner Pfannkuchen aus Hefeteig. Krapfenähnliches Schmalz- (Fett-) Gebäck

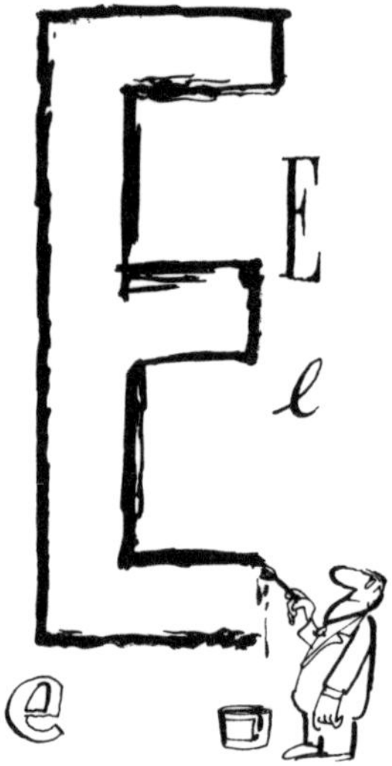

Eiernockerln

Spätzle mit Ei

Eierschwammerl

Pfifferling

Eierspeise

Dem Rührei ähnlich

Einbrenn

Dunkle Mehlschwitze

Eingebrannte Erdäpfel

Geschälte, gekochte und in Scheiben geschnittene Kartoffeln in gewürzter Mehlschwitze, auch »Saure Erdäpfel«

Eingemachtes Kalbfleisch

In Würfel geschnittene Kalbsschulter, in Wasser mit Suppengrün gekocht und anschließend in der zur Soße aufgegossenen hellen Mehlschwitze mit Zitronensaft und Muskat gedünstet

Einmach

Helle Mehlschwitze

Einmachsuppe

Suppe aus Kalbfleisch und Kalbsknochen, der Eigelb, Sahne, Champignons und Rosenkohl beigefügt werden

Eintropfsuppe

Fleischbrühe, in die ein Teig aus Mehl, Eiklar und Salz eingetropft wird

Erdäpfelknödel

Klöße aus Kartoffelteig

Erdäpfelnudel

Fingergroß ausgerollte Nudeln aus Kartoffelteig, in Salzwasser gekocht und in heißer Butter geschwenkt

Erdäpfelpüree

Kartoffelbrei

Erdäpfelschmarrn

In der Schale gekochte, geschälte und blättrig geschnittene Kartoffeln, die in heißem Fett mit Zwiebeln geröstet und dabei zerdrückt werden

Erdäpfelsterz

Geschälte, gevierteilte und gekochte Kartoffeln werden mit Maisgrieß vermengt, Speckwürfel und Schweinefett dazugegeben und im Backofen ausgedünstet

Erdäpfelsuppe

Kartoffelsuppe

Extrawurst

Fleischwurst (im Kranz)

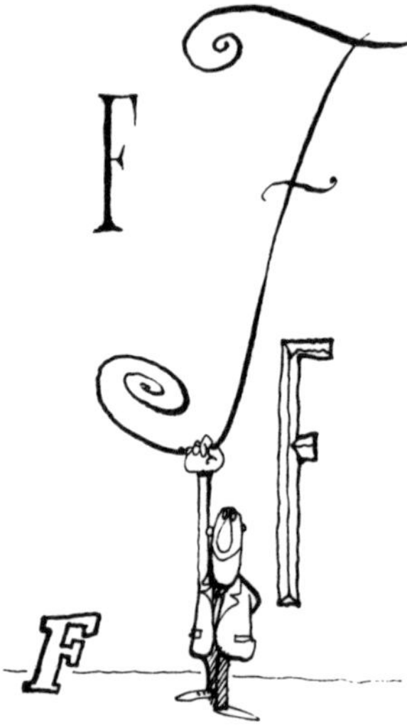

Farferl

Nudelteig, der auf dem Reibeisen zu kleinen Klümpchen (Farferln) gerieben und getrocknet wird. Suppeneinlage

Faschiertes

Gehacktes

Faschierte Laibchen (Laberln)

Frikadelle, Bulette, »deutsches Beefsteak«

Faschingskrapfen

Siehe Krapfen

Fisolen

Bohnen

Flaxn, Flechse

Sehne im Fleisch

Fleckerl

Kleines quadratisches Teigstück aus Nudelteig. In Verbindung mit Kraut (Weißkohl) als Krautfleckerln bekannt. Weiters: Schinkenfleckerln, Wurstfleckerln usw.

Fleischspeck

Durchwachsener Räucherspeck

Fleischstrudel

Faschierte (durch den Fleischwolf gedrehte) Fleischreste, in ausgezogenen Strudelteig gerollt, in fingerlange Stücke geschnitten, entweder im Rohr gebacken oder in Wasser gekocht. Dazu Gemüse und Salat, oder in der Suppe als Einlage serviert

Fogosch

Zander

Frankfurter (Würstchen)

Wiener Würstchen

Fritatten

Nudelig geschnittene, ungesüßte dünne Palatschinken (Pfannkuchen), als Suppeneinlage serviert

Gansbiegel

Gänsekeule

Ganskragen

Gänsehals

Gebackene Mäuse

Teig aus Mehl, Rosinen, Salz, Milch, Zucker,

Eigelb, Butter, Hefe und Rum, der eßlöffelweise in heißem Fett herausgebacken wird. Schmecken ähnlich wie Krapfen (s. d.)

Gefrorenes

Speiseeis

Geriebenes Gerstl

Teiggraupen. Teig aus Mehl, Ei und Salz (Nudelteig), der mit einem Reibeisen in die kochende Suppe eingerieben wird

Germ

Hefe

Germteig

Hefeteig

Germknödel

In Salzwasser gekochte Klöße, deren Teig aus Mehl, Hefe, Milch, Butter, Eigelb und Zucker besteht. Gefüllt sind sie mit Powidl (Pflaumenmus). Vor dem Anrichten werden sie mit Butter übergossen und mit Mohn bestreut

Geschnetzeltes

In feine Stücke geschnittenes Fleisch, mit verschiedenen Gewürzen und Zwiebeln angebraten, mit Soße serviert

Geselchtes

Geräuchertes Fleisch, meist vom Schwein

Göderl (Goderspeck)

Durchwachsener Speck vom Kinn des Schweines

Grammeln

Grieben

Grammelknödel

Mit Grammeln (Grieben) gefüllte Kartoffelklöße

Grammelschmalz

Grammelfett. Ausgelassenes Schweinefett mit Grammeln (Grieben)

Granten

Preiselbeeren

Grenadiermarsch

Hausmannskost, die aus Nudeln oder Fleckerln (kleine quadratische Stücke aus Nudelteig), gekochten Kartoffeln und Fleischresten besteht, die in gerösteten Zwiebeln miteinander vermengt werden

Grießkoch

Grießbrei

Grießnockerln

Suppeneinlage aus einer Masse von Grieß, Butter, Eier und Salz, zu Nockerln (Spätzle) geformt

Grießschmarrn

In Milch gekochte Masse aus Grieß, Butter, Eigelb und Rosinen. Im Backofen unter häufigerem Zerkleinern gebacken, mit Zucker bestreut und mit Zwetschkenröster (s. d.) serviert

Grüner Salat

Kopfsalat

Gugelhupf

Napfkuchen

Gulyás (Gulasch)

Würfelig geschnittenes Rindfleisch wird mit derselben Menge gerösteter Zwiebel angebraten, mit edelsüßem Paprika, gestoßenem Kümmel, Majoran, etwas Knoblauch und Essig gewürzt, mit Wasser aufgegossen und weichgedünstet.
Es ist jene ungarische Speise, die den größten Siegeszug um die Welt angetreten hat. Das Gericht wurde ursprünglich von den ungarischen Hirten (Gulyás = Rinderhirte) im Kessel gekocht.

Eigenartigerweise bedeutet Gulyás in Ungarn Gulyássuppe, und nur wer ein »Pörkölt« verlangt, bekommt ein Gulyás. Die Kunst, Gulyás zu kochen, endet trotz vieler Nachahmungen in Ostösterreich. Es gibt eine große Anzahl von Gulyás-Variationen:

Bauerngulyás
Rindsgulyás mit Klößen

Bohnengulyás
Gulyás ohne Fleisch, dafür mit großen weißen Bohnen gekocht

Eierschwammerlgulyás
Gulyás ohne Fleisch, mit Eierschwammerln (Pfifferlingen) zubereitet

Erdäpfelgulyás
Das Fleisch wird durch würfelig geschnittene Kartoffeln ersetzt. Zur Verbesserung des Geschmacks kann Wurst mitgekocht werden

Fiakergulyás
Rindsgulyás mit Spiegelei, Wiener Würstchen, Essiggurkerln und Kartoffeln

Gulyássuppe
Verdünnter Gulyássaft (Soße), in dem kleinwürfelig geschnittenes Rindfleisch, aber auch Kartoffeln und Wurst mitgekocht werden

Herrengulyás
Gulyás mit einer Fächergurke und einem Spiegelei

Jägergulyás
Rindsgulyás mit einem gehäuften Eßlöffel Pilzen verfeinert

Kalbsgulyás
Gulyás aus Kalbfleisch, dem saure Sahne beigefügt wird

Kesselgulyás
Gulyás aus Wadschinken (s. d.), Paprika, Knoblauch, Tomatenmark und in Würfel geschnittenen Kartoffeln, das zugedeckt im Backofen weichgedünstet wird. Angerichtet wird es in einem kleinen Kupferkessel

Schweinsgulyás
Zubereitet aus Schweinefleisch

Szegedinergulyás
Schweinsgulyás, dem Sauerkraut beigefügt wird

Zigeunergulyás
Gulyás aus Rind-, Kalb- und Schweinefleisch, geröstetem Speck, Sauerrahm und Erdäpfeln

Znaimer Gulyás
Rindsgulyás mit kleinen Gurken (Znaimer Gurken) garniert

Gurkerl

Gürkchen, vor allem Essiggurkerl, Salzgurkerl

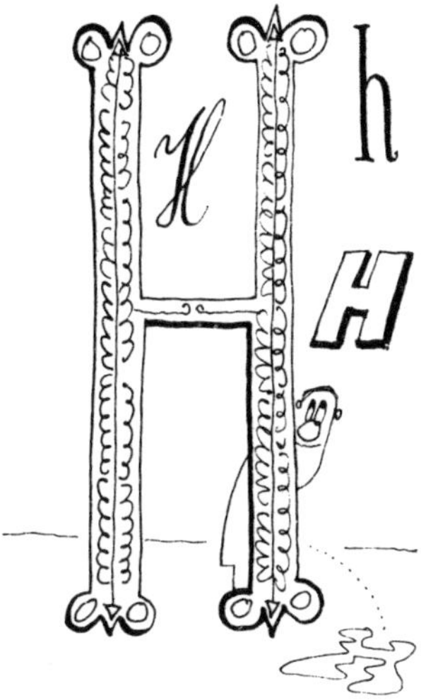

Haden, Heiden

Buchweizen

Halaszle

Ungarische Fischsuppe von paprikaroter Gulyásfarbe und ziemlicher Schärfe

Hasenjunges

Hasenklein, Hasenpfeffer

Häuptlsalat

Grüner Salat, Kopfsalat

Haussalami

Hauswurst aus Rind- und Schweinefleisch, Speck, Salz, Salpeter und Pfeffer

Haussulz

Hausgemachte Sülze, mit Zwiebeln und Essig angerichtet

Haxl (Haxerl)

Füße, Pfoten

Heidelbeeren

Blaubeeren

Hendl

Hähnchen, Hühnchen

Heidensterz (Haden)

Aus Buchweizen und heißem Wasser zubereitete Speise, die kleinkrümelig mit der Gabel zerrissen wird, ehe man sie mit heißem Schweinefett übergießt und mit heißen Grieben bestreut

Herrenpilz

Steinpilz

Herzl

Das Innere einer Pflanze, das »Herz«, besonders beim Salat

Hetscherl, Hetschepetsch

Hagebutte

Heurige

Frühkartoffel

Hexenschaum

Süßspeise aus Eiweiß, Zucker, Äpfeln und Aprikosenmarmelade

Hirschenes

Fleisch vom Hirschen

Holler

Holunder

Hollermandl

Süßspeise. Durch ein Sieb gestrichene, langsam mit Wohlgemuth (Gewürz) gekochte Holunderbeeren werden mit Äpfeln, die blättrig geschnitten und im Beerensaft zerkocht wurden, auf Schwarzbrotschnitten serviert

Holzhackererdäpfel

Ausgehöhlte Kartoffeln, die mit einer Masse aus Zwiebeln, Petersilie, Geräuchertem, Eigelb, Pfeffer, Salz und Sauerrahm überdeckt und im Rohr überbacken werden

Holzknechtnocken

Heißes Schweineschmalz wird über Grieß gegossen und mit kochendem Wasser zu einem Teig vermengt, woraus Nocken (Spätzle) gestochen werden, die in Salzwasser gekocht und anschließend in Fett beidseitig braun angeröstet werden

Husarenbraten

Ein im Backofen mit Speck, Butter, Zwiebeln, Pfeffer, Salz und Paprika gebratenes Lendenstück

Husarenkrapferl

Süßspeise aus Butter, Puderzucker, Vanillezucker, Zitronenschale, Mehl und Eigelb, die im Backofen überbacken, mit Marmelade gefüllt und mit Mandelsplittern bestreut, serviert wird

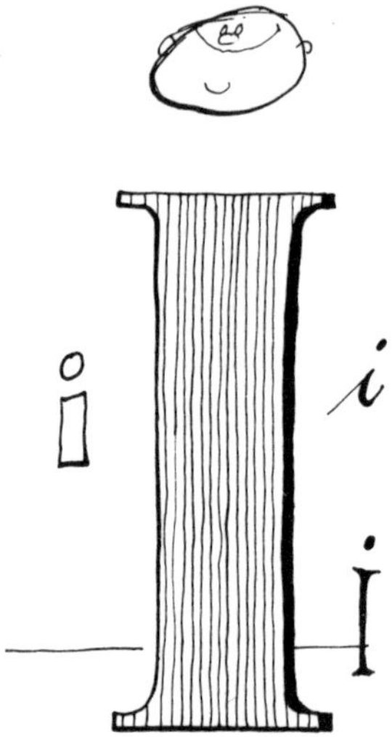

Indian

Truthahn, Puter

Indianerkrapfen

Biskuitmasse mit ungesüßter Schlagsahne gefüllt, mit Aprikosenkonfitüre bestrichen und mit einer Glasur aus Schokolade überzogen

Innereien

Die eßbaren Innenteile eines Tieres: Leber, Lunge, Milz, Herz, Lichteln (Aorta), Magen, Nieren (Lembraten), Bries (Kalbsmilch, Thymusdrüse des Kalbes), Zunge, Hirn, Rindermark und Blut

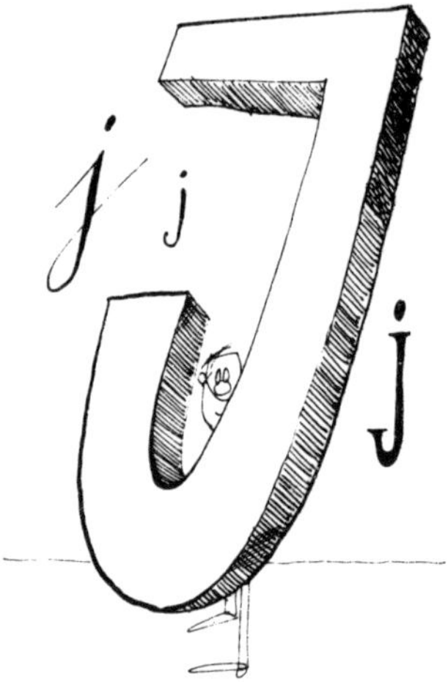

Jägerbraten

In Scheiben geschnittenes Faschiertes (Hackbraten), mit gerösteten, blättrig geschnittenen Champignons

Jägerschnitzel

Auf beiden Seiten angebratenes, hernach gedünstetes Rindsschnitzel, in dessen Bratenrückstand Speck, Zwiebeln und Champignons geröstet und mit Weißwein gelöscht werden

Jägersalat

In Streifen geschnittener Chinakohl, mit einer Marinade aus feingehackten Zwiebeln, Weinessig, Wasser, Salatöl und Kümmel übergossen und mit Petersilie bestreut

Jause

Vesper, Zwischenmahlzeit (Gabelfrühstück), am Nachmittag Kaffeejause

Junges (Enten-, Gänse-, Hasen- und Hühnerjunges)

Enten-, Gänse-, Hasen- und Hühnerklein. Kopf, Hals, Lunge, Magen, Leber und Füße eines Tieres

Jungfernbraten

Lungenbraten (Lendenbraten) vom Schwein oder Kalb

Kaffeeobers

Dünnere Sahne

Kaiserfleisch

Geräuchertes Bauchfleisch vom Schwein (Bauchspeck)

Kaisernockerlsuppe

Kraftbrühe mit Nockerln, die aus Eiern, Semmeln, Petersilie, Paniermehl und Schnittlauch hergestellt werden

Kaiserschmarrn

Eine Art Pfannkuchen mit Rosinen, der während der Backzeit zerrissen und gelockert, mit Puderzucker bestreut und mit Zwetschkenröster (s. d.) serviert wird

Kalbsstelze

Kalbshaxe (s. Stelze)

Kalbsvögerl

Kleine Roulade aus Kalbfleisch, auch ausgelöste Stelze (s. d.), mit einer Fülle aus Zwiebeln, Petersilie und Eigelb

Kalbskopf gebacken

Weichgekochter Kalbskopf, dessen Fleisch in zweifingerdicke Scheiben geschnitten, gewürzt, paniert und in heißem Fett herausgebacken wird

Kapaun

Gemästeter (kastrierter) Hahn

Karbonade (Karbonadl)

Gebratenes Rippenstück, Kotelett

Karfiol

Blumenkohl

Karotten

Mohrrüben

Karree

Rippenstück, das Fleischstück vom Hals bis zum Schlegel

Kärntner Nudeln (Kas- oder Käsenudeln)

Eine Masse aus Quark, Sahne, Kartoffeln, Butter, Eigelb, Salz und Kräutern, vor allem Minze und Kerbelkraut, wird auf gerolltem Nudelteig in golfballgroßen Kugeln aufgetragen, ausgestochen und eingeschlagen. In Salzwasser gekocht und mit Butter oder glasig angelaufenem Räucherspeck übergossen

Kärntner Reindling

Napfkuchen mit einer Fülle von Zucker, Rosinen, Zimt, Nüssen, Pignoli und Zitronat

Kärntner Würstln

In der Luft getrocknete und mit hartem Holz kühl geräucherte Würstchen aus Schweinefleisch, Knoblauchwasser, Salpeter und grobem Pfeffer

Käsedalken

In einer Augenpfanne gebackene Masse aus Milch, Mehl, Ei, Hefe und geriebenem Käse

Käsenocken

Aus Mehl, geriebenem Käse und heißem Wasser bereitete Masse, aus der Nockerln gestochen werden, die in heißem Fett braun gebraten werden. Variante: Aus Mehl, Eiern,

Salz, Milch und Butter wird ein Teig gefertigt, der eßlöffelweise in heißes Wasser eingelegt und nach dem Abseihen mit Butter übergossen und geriebenem Käse bestreut wird

Kipfler

Speckige, länglich-gekrümmte Kartoffelsorte, die sich besonders für Salate eignet

Kitz

Junge Ziege

Klachelsuppe

Fleischbrühe aus gehacktem Schweinskopf und Schweinsfüßen mit Zwiebel, Thymian, Lorbeerblatt, Essig und Sahne. Dazu werden geröstete Schwarzbrotschnitten serviert

Kletze

Dörrbirne

Knackwurst (Knacker)

Kleine Fleischwurst

Knödel

Kloß

Koch

Brei (Auflaufähnliche Süßspeise, Milchspeise, z. B. Grießkoch)

Kohl

Wirsing

Kohlrübe

Kohlrabi

Kohlsprosse

Rosenkohl

Krainer Würstel

Würstchen aus teils gehacktem, teils in Würfel geschnittenem Schweinefleisch, mit Knoblauch gewürzt und kühl geräuchert

Kranewett (Krammetbeer)

Wachholderbeere

Krapfen

Berliner (Ballen)

Kraut

Weißkohl

Krautfleckerln

Kleingeschnittenes Kraut mit Zwiebeln geröstet, gesalzen, gepfeffert und mit Fleckerln (kleine, quadratische Teigstücke) vermengt

Krautfleisch

In Würfel geschnittenes Schweinefleisch, in Zwiebel geröstet, mit Paprika und Salz gewürzt, mit kleingeschnittenem Kraut gedünstet und mit Sahne verbessert

Krautnockerln

Speise aus Nockerln, Sauerkraut und Speck

Krautstrudel

Strudelteig mit feingeschnittenem, geröstetem Kraut, Salz, Pfeffer und Zwiebeln gefüllt, eingerollt und im Backofen gebacken

Krautsuppe

Weißkohlsuppe

Kren

Meerrettich

Krenfleisch

Bauchfleisch vom Schwein, Schweinshaxln, gekocht mit Suppengrün, serviert mit Kartoffeln und Meerrettich

Krensoße

(siehe Semmelkren)

Kroatzbeere

Brombeere

Kronfleisch

Rindszwerchfell, wie Wellfleisch gekocht

Kukuruz

Mais

Kümmelbraten

Bauchfleisch vom Schwein, stark mit Kümmel bestreut, im Backofen knusprig gebraten (Schweinebauch)

Kuttelfleck

Kaldaunen, Lab- und Blättermagen vom Rind

Kuttelkraut

Thymian

Landjäger

Harte, flachgepreßte, getrocknete und stark gewürzte Wurst

Leberknödel

Knödel aus würfelig geschnittenen Brötchen, Paniermehl, Ei, Mehl, Leber, Milch, Zwiebeln, Petersilie, Majoran, Pfeffer und

Fett. Gebacken oder in Salzwasser gekocht als Hauptspeise, zumeist jedoch als Suppeneinlage offeriert

Leberkas (Leberkäse)

Eine Art Pastete aus geräuchertem Bauchfleisch, Rindfleisch und Speck. Wird vorwiegend heiß mit Kartoffelsalat oder in Brötchen gegessen

Leberschöberl

Masse aus geschlagenem Eiklar, Eigelb, Salz, gehackter Petersilie, frisch gemahlenem Pfeffer und passierter Leber, im Backofen goldbraun gebacken (Suppeneinlage)

Lichteln

Aorta

Linzertorte

Torte aus Butter, Zucker, Mandeln, Eigelb, geriebener Zitronenschale und Mehl, die mit Ribiselmarmelade bestrichen und mit Puderzucker bestreut wird

Liptauer

Brotaufstrich aus Quark, Butter oder Margarine, Paprika, Schnittlauch, Kümmel, Kapern, Mostrich und Salz

Löser

Kuttelfleck, Kaldaunen

Liwanzen

Gebackene Süßspeise aus Mehl, Hefe, Kristallzucker, Milch, Zitronenschale, Muskat, Salz, Eier, Butter, Zucker, Zimt, getrocknetem Quark und Marmelade

Lungenstrudel

Masse aus Kalbs- oder Schweinslunge, Wasser, Salz, Pfefferkörnern, Fett, Zwiebel, Petersilie, Ei, Paniermehl, Pfeffer, Majoran, Thymian, im Strudelteig herausgebacken und als Suppeneinlage offeriert

Marillen

Aprikosen

Marillenknödel

Teig aus Kartoffeln oder Quark über eine Marille geschlagen, zu kleinen Knödeln geformt, in Salzwasser gekocht und in angeröstetem Paniermehl gewälzt, mit Puderzucker bestreut

Markknödel

Knödel aus Rindermark, Semmeln, Eiern, Pfeffer, Muskat, Mehl und Petersilie formen und in Salzwasser kochen (Suppeneinlage)

Maschinrostbraten

Rostbraten, in dessen Soße würfelig geschnittener Speck, feingehackte Zwiebel, Champignons, Salz, Kümmel, Pfeffer, gehackte Petersilie mitgebraten werden

Medaillon

Kleine Fleischstücke

Mäuse, gebacken

(siehe gebackene Mäuse)

Maroni

Kastanien

Melanzani

Eierfrüchte, Auberginen

Millirahmstrudel (Milchrahmstrudel)

Strudel, gefüllt mit in Milch geweichten Semmeln, Butter, Zucker, Zitrone, Eigelb, Salz, Rahm, Eiweiß und Rosinen, im Backofen langsam gebacken, mit Vanillesoße serviert

Mohnnudeln

Mohn wird im heißen Fett angeröstet, dazu werden Bandnudeln oder Nudeln aus Kartoffelteig gegeben und stark mit Zucker bestreut

Mohnstrudel

Fülle aus Mohn, Milch, Butter, Zucker, Rosinen, Zimt, Zitronenschale, Honig und Rum wird auf einen Hefeteig gestrichen, dieser wird gerollt, gebacken und stark mit Puderzucker bestreut

Mohr im Hemd

Masse aus Butter, Puderzucker, Eigelb, Schokolade, in Milch geweichte Brötchen, Nüssen, Paniermehl und Eiweiß, in Puddingform gekocht, mit Schokolade übergossen und mit Schlagobers garniert

Mus

Breiartige Speise, z. B. Apfelmus

Nagerl

Gewürznelke

Nierndl

Niere

Nockerln (Nocken)

Etwas groß geratene Spätzle

Nußnudeln

Nudeln aus Kartoffelteig, in flüssiger Butter geschwungen und mit geriebenen Nüssen und Puderzucker bestreut

Nuß-Strudel

Wie Mohnstrudel (s. d.), Fülle jedoch aus kleingehackten Walnüssen

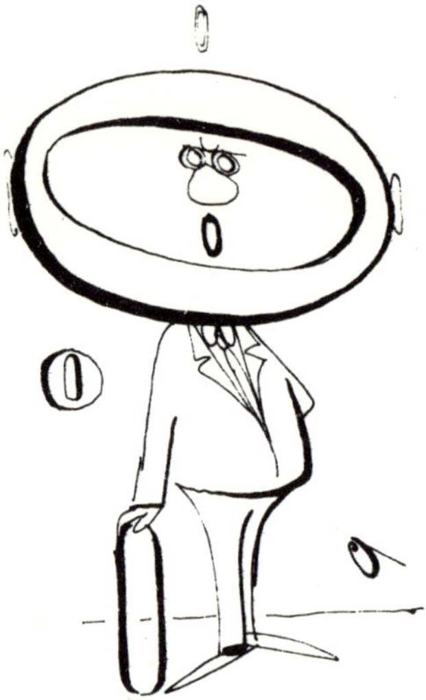

Obers

Süße Sahne

Oberskren

Soße aus Meerrettich, Butter, Mehl, Milch, Sahne, Salz, weißem Pfeffer, Muskat und Zucker. Beilage zu gekochtem Rindfleisch

Ochsenschlepp (Suppe)

Ochsenschwanz (Suppe)

Ogrosl

Stachelbeere

Omelette

Eierkuchen

Orangen

Apfelsinen

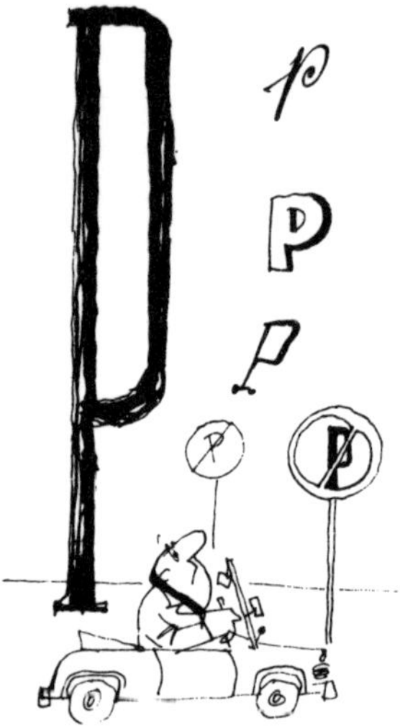

Palatschinke

Pfannkuchen, Eierkuchen

Paradeiser

Tomate

Paradeissoße

Tomatensauce

Petersilerdäpfel

Salzkartoffeln, in frischer Butter und feingehackter Petersilie geschwenkt

Pefferoni

Eine besonders scharfe Paprikasorte

Pilzling

Pilz

Pischinger Torte

Torte aus Oblaten, gefüllt mit einer Creme aus Schokolade, Butter, Zucker und Eigelb, die auch als Glasur dient

Pofesen

Je zwei Weißbrotschnitten, nach Belieben mit Marmelade, Fleisch etc. gefüllt, die in Mehl, Ei und Paniermehl getaucht und anschließend in heißem Fett gebacken werden

Pökeltes

Unter pökeln versteht man eine Art der Konservierung von Fleisch, wie es früher bei der Schiffahrt üblich war. Die Fleischstücke werden mit Salz, Zucker und Salpeter eingerieben und in einem Holzschaff einige Tage stehengelassen. Später wird dem eine Beize aus verschiedenen Gewürzen ständig beigemengt. Dieser Vorgang dauert mitunter bis zu fünf Wochen. Nach dem Pökeln werden die Fleischstücke der Beize entnommen und an einem recht zugigen Ort zum Trocknen aufgehängt

Polenta

Maisgrieß, auch Brei aus Maismehl oder Maisgrieß

Polsterzipf

Ein aus Weizenmehl, Eigelb, einem ganzen Ei, Butter, Zucker, Sahne, Rum und Weißwein hergestellter Teig, der ausgerollt und in viereckige Schnitten geteilt wird, in welche Marillenmarmelade eingeschlagen wird, die in Fett herausgebacken und mit Puderzucker bestreut werden

Pörkelt

Ragoutähnliches Gericht aus der ungarischen Küche

Porree

Lauch

Poularde

Masthuhn

Potize

Hefegebäck mit Nuß- oder Mohnfülle

Powidl

Pflaumenmus

Powidltascherln

Ausgestochener Kartoffelteig, halbmondförmig übereinander gelegt und mit Pflaumenmus gefüllt

Preßwurst (Preßkopf)

Kopffleisch, Füße und Schwarten vom Schwein, mit Suppengrün zu Sulz (Sülze) verarbeitet

Punschkrapferl

Kleine, würfelförmige Mehlspeise, mit einer Punschglasur überzogen

Rahm

Süße oder saure Sahne. In der Wiener Küche bedeutet »Rahm« immer Sauerrahm (saure Sahne)

Rasnici

Kleiner Spieß von mageren Schweinefleischstücken (gegrillt), mit Zwiebelringen, Lorbeerblättern, Pfeffer, Zitronensaft, zuvor eine Nacht lang mariniert

Rehrücken

Süßspeise, mit Schokolade überzogen und Pignoli oder Mandeln bespickt (kastenförmig)

Reibgerstelsuppe

Aufgeriebener Nudelteig, in die Suppe eingetropft

Reindling

In einer Kasserolle gebackener, gefüllter Hefeteig

Reisauflauf

Masse aus Reis, Milch, Salz, Butter, Puderzucker, Zitrone, Eiern, Rosinen, Paniermehl (manchmal werden auch feinblättrig geschnittene Äpfel beigemengt), die im Rohr überbacken und anschließend mit Puderzukker bestreut und mit Himbeersaft übergossen wird

Ringlotten

Reineclauden (Renekloden), Mirabellen

Ripplertes

Geräucherte und gekochte Schweinsrippen

Risi Pisi

Gericht aus Reis und grünen Erbsen

Rissolen

Pastetchen, den Maultaschen ähnlich

Rollgerstl

Perlgraupen

Röster

Gedünstetes Obst, z. B. Zwetschkenröster

Rote Rübe

Rote Beete

Rotkraut

Rotkohl

Russen

Marinierte Heringe

Sachertorte

Das Originalrezept der legendären Torte stammt von Franz Sacher, geboren 1816 als Sohn eines fürstlich-Schwarzenberg'schen Gutsverwalters in Wien. Als 16jähriger Kocheleve im Hause Metternichs buk er zum erstenmal diese Mehlspeise, die später vom Hotel Sacher aus ihren Siegeszug um die Welt antrat. Eine Schokoladentorte, deren Originalrezept geheimgehalten wird

Salzburger Nockerln

Süßspeise aus fettem Eiweiß, Zucker, Eigelb, Butter und Milch, die im sehr heißen Rohr gebacken und sofort serviert werden muß

Salzerdäpfeln

Geschält gekochte Erdäpfel, denen zu verschiedenen Speisen auch Kümmel beigefügt wird

Saubohnen

Große (dicke) Bohnen

Saure Erdäpfel

Siehe eingebrannte Erdäpfel

Saumeisen

Bäuerliche Spezialität aus dem Waldviertel (Niederösterreich). Besteht aus dem durch den Fleischwolf gedrehten mageren Schweinefleisch, Zwiebel, Knoblauch, Salz, Pfeffer und anderen Kräutern. Die Masse wird durchgeknetet und gänseeigroß in ein Schweinsnetz geschlagen, langsam getrocknet und geräuchert

Saure Suppe

Hergestellt aus Schweinskopf und Schweinefleisch, Essig, verschiedenen Gewürzen und Wurzelwerk (Suppengrün)

Schale

Schnitzelfleisch vom Schwein

Scheiterhaufen

Süßspeise aus Semmeln, Milch, Zucker, Zimt, Zitronensaft, Ei, Äpfeln und geriebenen Mandeln. All dies wird übereinandergeschlichtet, mit einer Masse aus Eigelb, Zukker, Butter, Eischnee und Vanille übergossen und im Backofen gebacken

Schinkenfleckerln

Fleckerln (kleine quadratische Teigstücke), gekocht und mit feingeschnittenem Schinken oder geräuchertem Fleisch in Fett oder Butter angeröstet

Schlagobers

Geschlagene Sahne, Schlagsahne

Schlegel (Schlögel)

Keule vom Kalb, Schwein, Reh, Hirsch etc.

Schlickkrapfen

Kleine gefüllte Nudelteigflecken

Schlosserbuben

Aufgeweichte gedörrte Pflaumen, deren Kern mit einer Mandel ausgetauscht wurde, mit Zucker, Zitronensaft und Zimt mariniert, einzeln in Backteig getaucht, in heißem Fett goldbraun gebacken und abschließend in geriebener Schokolade, mit Zucker vermischt, gewälzt

Schlosseräpfel

Geschälte und geviertelte Kartoffeln, in Fett rasch angebraten und dann im Backofen unter häufigem Schütteln goldbraun durchgebacken

Schmarrn

Zerkleinerter Pfannkuchen (siehe Kaiserschmarrn)

Schneeballen

In Fett herausgebackene Süßspeise aus Mehl, Eigelb, Sahne, Rum, Salz und Zucker

Schnittling

Schnittlauch

Schöberl

Gesalzenes Biskuit (Suppeneinlage)

Schopfbraten

Schweinehals, Kamm

Schöpsernes

Hammelfleisch

Schunken

Schinken

Schwamm, Schwammerl

Pilz

Schwarzbeere

Heidelbeere

Schweinernes

Schweinefleisch

Schweinsstelzn

Schweinshaxe

Selchfleisch

Räucherfleisch, gepökeltes, geräuchertes Schweinefleisch (Geräuchertes = Geselchtes)

Selchkarree

Geräuchertes Rippenstück, Kasseler Rippchen

Selchspeck

Räucherspeck

Semmelbrösel

Paniermehl, geriebene getrocknete Brötchen

Semmelknödel

Klöße aus würfelig geschnittenen Brötchen

Semmelkren

Kleingeschnittene, altbackene Brötchen, die, in Suppe, Rahm oder Milch mit Kren versprudelt, aufgekocht und vorzugsweise zu gekochtem Rindfleisch serviert werden

Senf

Mostrich

Serviettenknödel

Semmelknödelmasse, die brotweckenförmig in eine Stoffserviette eingeschlagen, in Salzwasser gekocht, dann in Scheiben geschnitten serviert wird

Spanferkel

Junges Milchschwein

Speckkraut gedünstet

Räucherspeck wird mit Zwiebeln angeröstet, dann Weißkohl beigegeben und zusammen gedünstet

Specknudeln

Fettes gebratenes oder gekochtes Schweinefleisch wird feingehackt und mit Paniermehl und Eiern vermischt. Davon werden kleine Knödel geformt, die in Nudelteig eingeschlagen und dann in Salzwasser gekocht und mit Selchspeckwürfeln (Räucherspeck) und geröstetem Paniermehl angeschmalzen (mit Fett übergossen) werden

Spiegel

Fettaugen in der Suppe

Spitzbuben

Backwerk aus Mehl, Butter, Zucker, Zitronenschale und Ei

Spritzkrapfen

Brandteig aus Wasser, Butter, Mehl, Salz, Zucker und Eiern, der mit der Spritzkrapfenspritze in heißes Fett gedrückt und darin gebacken, hernach mit Puderzucker bestreut und oftmals auch mit Vanillecreme gefüllt wird

Sprossenkohl

Rosenkohl

Stanitzl

Spitze Tüte (aus Teig oder Papier)

Staubzucker

Puderzucker

Stelze

Verkürzte Form für Schweinsstelze (der obere Teil des Eisbeins)

Steirisches Wurzelfleisch

In Wurzelwerk (Suppengrün) gekochtes Schweinefleisch (Bauchfleisch), mit Wurzelwerk, Kren und gekochten Erdäpfeln serviert

Sterz

Speise aus Mehl, Grieß oder Maisteig, in Fett oder Wasser gekocht. Im Grunde genommen ist der Sterz nichts anders als der uralte Brei der Bauern in verschiedenen Variationen. Der »Türkensterz« besteht aus Mais, der »Haden- oder Heidensterz« hingegen wieder aus Buchweizen. Bekannt sind weiters »Bohnensterz«, der »Grumbirn« (Erdäpfelsterz) und der »Brennsterz«

Strankerln

Grüne Bohnen

Strudel

Mehlspeise aus Hefeteig, Mürb- oder Strudelteig, mit geschnittenen Äpfeln, Marmelade, Mohn, Quark, Fleisch, Lunge, Bohnen oder Kraut bestrichen, zusammengerollt und gebacken oder gekocht

Sulz

Sülze

Sur

Beize zum Einpökeln von Fleisch

Surfleisch

Gepökeltes, oft auch angeräuchertes Fleisch

Tafelspitz

Wiener Spezialität. Rindfleisch, gekocht und meist mit gerösteten Kartoffeln, Semmel- oder Apfelkren oder Schnittlauchsauce serviert

Tarhonya

Eiergraupen, eine ungarische Teigware

Tascherl

Tasche aus Kartoffelteig, meist mit Quark oder Marmelade gefüllt

Tellerfleisch

Gekochtes Rind- oder Schweinefleisch, in Stücke geschnitten, in der Suppe serviert

Tiroler Gröstl

Fleischreste, Grieben, würfelig geschnittener Speck und Zwiebeln werden in Fett angeröstet und mit gekochten, kleingeschnittenen Kartoffeln, Salz, Lorbeerblatt und etwas Pfeffer vermengt und durchgedünstet

Tommerl

Nicht sehr aufgelockerter Auflauf

Topfenauflauf

Süßspeise aus Eidotter, Puderzucker, Quark, Zitronenschale, Mehl, Vanillezucker und Eiklar, die im Backofen gebacken wird

Topfen

Quark

Topfenpalatschinke

Mit gesüßtem Quark und Rosinen gefüllter Pfannkuchen

Topfenstrudel

Strudel, gefüllt mit passiertem Quark, Sahne, Butter, Eigelb, Eiklar, Zucker, im Backofen gebacken

Torten

Keine Mehlspeise kommt an die Ausstrahlung der Torte heran. Sie ist die Krönung der Backkunst, und schier unerschöpflich ist die Zahl der Tortenkompositionen. Ihre verschiedenen Namen verdankt sie entweder den Zutaten, dem Erfinder oder den Widmungspersonen. Zu den berühmtesten Torten zählen heute noch: Dobos-Torte, Esterházy-Torte, Linzertorte, Malakoff-Torte, Mohntorte, Nußtorte, Punschtorte und natürlich die Sachertorte (s. d.)

Ungarische Eier

Harte Eier in einer Sauce aus Paprika, Zwiebeln, Essig, Mehl und Sahne

Ungarisches Sauerkraut

Sauerkraut, veredelt mit Zwiebeln, Speck, grünem Paprika, Dillkraut, Kümmel und sauerer Sahne

Vanilleauflauf

Masse aus Milch, Zucker, Butter, Mehl, Eiern und Vanille, im Backofen gebacken

Vanillekipferln

Kleine Hörnchen aus Mehl, Butter, Zucker, Haselnüssen, Eigelb und Vanille, im Backofen gebacken und noch in heißem Zustand in Vanillezucker gewälzt

Vanillerostbraten

Rostbraten, mit Salz, Pfeffer und zerdrücktem Knoblauch eingerieben, auf einer Seite in Mehl getaucht, rasch auf beiden Seiten abgebraten und nach Beigabe von Butter mit Rindsuppe aufgegossen

Vogerlsalat

Rapunzelsalat, Feldsalat, Nüßlisalat

Wadschinken (Wadschunken)

Fleischsorte vom Rind (besonders für Gulyás)

Weichseln

Sauerkirschen

Weinberln

Kleine schwarze Rosinen

Weinbeißer

Kleine längliche Lebkuchen (zum Wein passend), auch: Weinkenner

Weißkraut

Weißkohl

Wellfleisch

Kernig gebratenes Bauchfleisch des frischgeschlachteten Schweines

Wiener Schnitzel

Paniertes Schnitzel vom Kalb

Wurzelwerk

Suppengrün, bestehend aus Petersilie, Sellerie, Mohrrüben und Lauch

Wurstschüsserl

Auf beiden Seiten leicht angebratene Pariser Wurst, die entweder mit Schinken, Butter, Erbsen, Spinat oder einem Spiegelei gefüllt ist

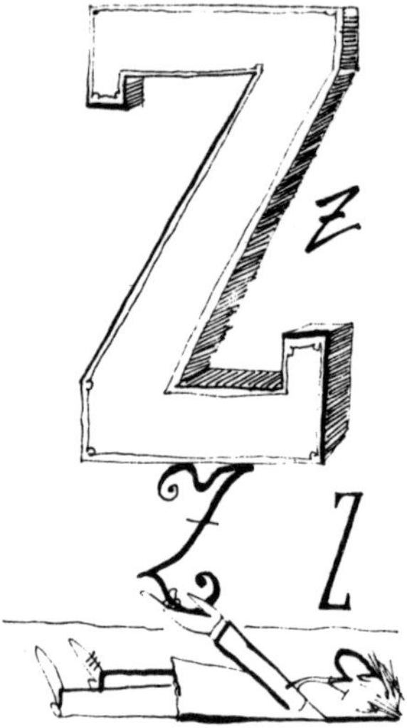

Zeller

Sellerie

Zeller gebacken

Panierte Sellerie, in Fett herausgebacken

Zellersalat

Selleriesalat

Zibebe

Große Rosine

Zuckerl

Bonbon

Zwetschke

Pflaume

Zwetschkenröster

Pflaumenkompott, das solange gekocht wird, bis der Saft verdampft ist

Zwetschkenknödel

Pflaumenklöße. Teig aus Kartoffeln wird über eine Pflaume geschlagen, zu einem kleinen Kloß geformt, in Salzwasser gekocht und in angeröstetem Paniermehl gewälzt und mit Puderzucker bestreut

Zwiebelfleisch

Feingeschnittene Zwiebeln, in Fett oder Öl

goldgelb angeröstet, dem feinblättrig geschnittenes Rindfleisch beigefügt wird, das man noch mit Salz, Pfeffer, Majoran und Knoblauch würzt, ehe man es im eigenen Saft weichschmoren läßt

Zwiebelrostbraten

Kleinfingerdick geschnittener gesalzener und gepfefferter Rostbraten wird einseitig in Mehl getaucht, beidseitig angebraten und mit knusprig gebratenen Zwiebelringen serviert

Wer gut essen will, der sollte auch ein wenig über die Fachausdrücke in der Kochkunst Bescheid wissen.

Das ABC der Küche

Abfetten

Bei Suppen und Soßen die Oberfläche von Fett befreien

Ablöschen

Mit ein wenig Wein, Suppe, Essig oder Wasser Geröstetes oder Braten übergießen

Abseihen

Durch ein Sieb rinnen lassen

Abschmalzen

Gekochtes, wie zum Beispiel Nudeln, in Fett (Schmalz, Butter, Margarine etc.) wälzen

Anlaufen lassen

Anschwitzen. Gemüse, Mehl, Speck, Wurzelwerk oder Zwiebeln in Fett erhitzen, ohne daß diese dabei Farbe annehmen

Ansteifen

Fleisch bei geringer Hitze anbraten, damit sich die Poren schließen

Binden

Soßen und Suppen mit Mehl eindicken

Blanchieren

Das Überbrühen beziehungsweise das Überkochen von Lebensmitteln vor ihrer weiteren Bearbeitung

Dressieren

Geflügel und Fleisch beim Anrichten die Form geben

Einputzen

Das Zugeben von Kräutern, Suppengrün etc. in Fonds, Soßen und Suppen

Faschieren

Durch den Fleischwolf drehen

Filettieren

Das Herauslösen der Filets bei Fisch und Fleisch

Glasieren

Das Überglänzen der Speisen

Gratinieren

Das Überkrusten und Überbraten von Speisen

Jus

Fruchtsaft, aber auch brauner Bratensaft

Legieren

Soßen oder Suppen mit in Sahne verrührtem Eigelb verrühren

Linden

Bei schwacher Hitze zum Beispiel Mehl in der Pfanne mehr trocknen als erhitzen

Marinieren

In Marinade oder Beize ziehen lassen

Mollig

Sämig, aber noch nicht dick

Montieren

Fertiggekochte Soßen und Suppen mit frischer Butter oder Sahne verschlagen

Parieren

Eine Speise zurechtschneiden, aber auch Häute und Sehnen vom Fleisch entfernen

Panieren

In Mehl, Eigelb und Paniermehl tauchen

Resch

Knusprig

Sämig

Zähflüssig, aber noch nicht dick

Schröpfen

Das kreuzweise Einschneiden der Schwarte bei Schweinefleisch

Spicken

Speise mit Speckstreifen oder Gemüsestükken durchziehen

Stauben

Mehl über eine Speise streuen und anrösten, um so das Fett zu binden

Tournieren

Der Speise Form geben

Suren

Das Einpökeln von Fleisch

Unterspickt

Mit Fett durchzogenes Fleisch

Unterzogen

Mit Fleisch durchzogener Speck

Zerschleichen

Butter, Fett oder Margarine bei kleiner Hitze langsam zerfließen lassen

Ohne Werkzeug geht es auch in der Kuchl (Küche) nicht!

Küchengeräte

Dressiersack

Sack, an dessen Spitze verschiedene Lochtüllen angebracht werden können, um so zum Beispiel mit Sahne zu dressieren

Nudelwalker

Nudelholz, Teigroller

Pariser Löffel

Halbkugelförmiger Löffel zum Ausstechen von Gemüse und Kartoffeln

Rein, Reindl

Kasserolle, Schmortopf

Reibeisen

Reibe

Schneerute

Schneebesen

Schöpfer

Kelle, Schöpfkelle

Sieb

Durchschlag

Spagat

Bindfaden

Speis

Vorratsraum für Lebensmittel, Speisekammer

Sprudler

Quirl

Weitling

Rührschüssel aus Metall, Porzellan oder Steingut

Was nie in der Küche und auf keiner Speisekarte zu finden, in Wien aber dennoch mit der Gastronomie eng verbunden ist, das ist der

Schanigarten

Ein Platz vor dem Gasthaus mit Tischen und Stühlen, die durch Blumenkästen (Efeu) von der Straße abgeschirmt sind

»Wes Brot ich eß', des Lied ich sing«, sagte der Bäcker und brachte einen Toast auf sich aus.

Über Brot und Gebäck

Brot ist nicht nur ein Grundnahrungsmittel, dessen sich der Mensch Jahrtausende hindurch bedient, es ist auch ein Spiegelbild der kulturellen Entwicklung der Menschheit.
»Kein Ding ist positiver als Brot«, schrieb einst Dostojewski, denn Brot bedeutet Macht, wie es sich schon bei den alten Ägyptern feststellen läßt, die das Backen des Brotes vor rund 2000 Jahren erfunden haben. Sie erfanden den Sauerteig und den Backofen und wurden daher von den anderen antiken Völkern – wie Hekataios von Milet um 500 vor Christus berichtet – die »Brotesser« genannt.
Im Umgang mit den Ägyptern lernte das Volk Israels das »moderne Brot« zu schätzen. Von ihnen aus gelangte dann das gebackene Brot zu den Römern und somit nach Europa.
Sechs Getreidesorten waren es, die den Menschen seit Urzeiten ernährten: Hirse, Hafer,

Gerste, Reis und Weizen, zu dem sich im späten Altertum der Roggen gesellte.
Die ältesten Arten, Getreide zuzubereiten, sind Brei und Fladen, deren Formen sich bis heute erhalten haben.
Brot wird in den verschiedensten Varianten auf den Markt gebracht. In Österreich gibt es rund 200 Brot- und Gebäcksorten.

Bauernbrot

Helles Roggen- und Weizenmehl mit Anis und Fenchel. Wird aber auch als dunkles Brot auf den Markt gebracht

Baunzerl

Milchbrötchen. Ein in der Mitte geteiltes Kleingebäck

Bierstangerl

Fingerdicke Brotstange aus Weizenmehl und Fett

Bosniak

Aus Roggen- und Weizenmehl mit Salz und Kümmel gefertigtes Brötchen. (ca. 50 Gramm)

Brioche

Feiner Mürbteig mit hohem Fettgehalt, dem Eier und Zucker zugesetzt wurden in Striezelform

Briocherl

Siehe »Brioche«, nur in Hörnchenform

Golatschen (Kolatschen)

Quadratisch geformte Hefeteigstücke, die mit Quark oder Konfitüre gefüllt, mit Eiweiß bestrichen und dann im Backofen herausgebacken werden

Goldkornbrot

7-Korn-Brot

Grahamweckerl

Kleines Brötchen aus Grahamschrot (Weizenvollschrot)

Grammelpogatschen

Im Backofen gebackene Masse aus Mehl, Grieben, Sahne, Eigelb, Milch und Kümmel

Jourgebäck

Kleines Weißgebäck

Kaisersemmel

Rundes, handgemachtes Brötchen mit fünf bogenförmigen Einschnitten

Kärntnersemmel

Fünfteiliges Brötchen (blumenförmig gestempelt)

Kletzenbrot

Früchtenbrot aus gedörrten Birnen, Pflaumen, Feigen, Datteln, Nüssen u. ä.

Mohnkipferl (Mohnbeugel)

Hörnchen aus Mürbeteig, leicht gesüßt und mit Mohn gefüllt

Mohnstriezel

Kleines Striezerl aus Brötchenteig mit Mohn bestreut (ca. 50 Gramm)

Pinza

Briocheteig mit Rosinen (Osterpinze)

Pusztabrot

Aus Weizenmehl, Roggenmehl, Weizenhoch- und Weizenbackmehl und gekochten Kartoffeln hergestelltes Brot

Reinkerl (Zuckerreinkerl)

Rund geformte Backware (ca. 100 Gramm), aus Mürbeteig, mit Zimt und Zucker gefüllt

Salzstangerl

Längliches Weißgebäck, mit Salz und Kümmel bestreut

Kornlandbrot

Dunkler Sauerteig aus Leinsamenmehl

Kornlandweckerl

Wie Kornlandbrot, nur in Brötchenform

Kornspitz

Dunkles längliches Brötchen mit sehr hohem Kleieanteil und Leinsamen

Krustenbrot

Lang gebackenes dunkles Brot mit gerissener Rinde

Leinsamenbrot

Brot aus hellem Teig mit Leinsamen

Leinsamenweckerl

Wie Leinsamenbrot, nur in Brötchenform

Scherzl

Brotanschnitt, Knapp

Schmankerl

Gebäck aus Mehl, Zucker, Milch und Sahne

Schmolle

Das Innere des Brotes oder Brötchens

Schrotbrot

Brot aus mehreren geschroteten Getreidesorten

Schusterlaberl

Kleiner Laib (ca. 100 Gramm) aus Weizen- und Weizenbrotmehl

Semmel

Brötchen

Sesamweckerl

Mürbes Brötchen, vor dem Backen in Sesam gewälzt

Sonnenblumenbrot

Dunkles Brot mit Sonnenblumenkörnern

Sonnenblumenweckerl

Wie Sonnenblumenbrot, nur als Brötchen

Speckweckerl

Weißes Brötchen, in dem kleine Speckstücke mitgebacken werden

Stegerl

Zeile. Fünf aneinandergebackene längliche Brötchen

Steinmetzbrot

Brot aus Steinmetzschrot oder Steinmetzmehl

Strauben

Schmalzgebäck. Brötchenteig, in dem Backfett eingegossen wird

Striezel

Geflochtener Mürbteig (auch mit Rosinen), mit grobem Zucker (Hagelzucker) bestreut

Weckerl

Schwarzes oder weißes Brötchen

Wachauer Laberl

Kleiner Laib (ca. 75 bis 100 Gramm) aus Weizen- und Weizenbrotmehl

Weißer Wecken

Weißbrot

Zeppelin

Weißer Wecken mit mehreren Querschnitten

Ziegel

Vollkornbrot in Ziegel bzw. Kastenform

Brotformen und Gewichte

Laib

Schwarzbrot zu 1, 2 und mehr Kilo

Wecken

Schwarz- oder Weißbrot zu 1/2 Kilo
1 und 2 Kilo

Semmel (Brötchen)	ca. 50 Gramm
Weckerl (schwarz und weiß)	ca. 50 Gramm
Kipferl (Hörnchen)	ca. 50 Gramm
Laberl (Kleiner Laib)	ca. 75 bis 100 Gramm

Über den Wein

Hand auf's Herz: Wo gibt's denn das noch, daß eine Millionenmetropole zugleich ein Weinhauerort ist? Nicht von ungefähr gleichen sich die Namen Wien und Wein auf's Haar, lediglich ein wenig durcheinandergeraten sind sie. Aber wer würde das nicht verstehen, wenn vom Wein die Rede ist?
Wenngleich die Hauptstadt Österreichs, nebenbei auch noch eines von neun Bundesländern, sozusagen mit gutem Beispiel im Weinbau vorangeht, so wird doch nur in den östlichen Bundesländern Wein erzeugt: außer in Wien noch in Niederösterreich, der Steiermark und im Burgenland.
Über Wein unterhalten Sie sich daher am besten nur mit Bewohnern der Ostregion unseres Landes. Biertrinker haben andere Interessen und von der Philosophie des Weines nur wenig Ahnung. Nur äußerst langsam, durch böse Beispiele mit Vorurteilen behaftet und daher widerwillig, lernen Biertrinker, in die

Geheimnisse des Rebensaftes einzudringen. Die Grundbegriffe sind schnell erlernt: Es gibt Weißweine, Rotweine und neuerdings auch Roséweine. Letztere heißen in deutschen Gauen Weißherbst und haben deshalb eine rosa Farbe, weil man ihnen keine Zeit läßt, roten Farbstoff aus den Bälgen zu ziehen; gleich nach der Lese wird gepreßt. Weiters unterscheidet man in Österreich zwischen »Heurig« und »Alt«. Ein Heuriger ist der Wein des jeweils letzten Jahrganges, der Alte vom Vorjahr und älter.

Frisch von der Presse weg heißt der Traubensaft Most. Während der Gärzeit nennt man ihn »Sturm«, was wieder die österreichische Bezeichnung für den deutschen »Federweißen« ist. Im Stadium zwischen Sturm und Heuriger ist der Wein ein »Staubiger«, weil er noch nicht klar ist. Als »Wein« darf er erst ab dem Martinitag (11. November) bezeichnet werden, wenn offiziell die traditionelle »Weintaufe« vollzogen wird. Je nach Zuckergehalt unterscheiden wir zwischen Tafelwein, Kabinett, Spätlese, Beerenauslese, Ausbruch und Trockenbeerenauslese. Eiswein ist jener Wein, dessen Beeren in gefrorenem Zustand (bei etwa 7 Grad Celsius

unter dem Gefrierpunkt) und mit hohem Zuckergehalt gelesen wurden.
Ein Werbeslogan lautet: »Der G'spritzte hat immer Saison«. Unter »G'spritztem« versteht man ein Achtel Wein, aufgespritzt mit einem Achtel Sodawasser, während zur »Mischung« statt Sodawasser Mineralwasser verwendet wird. Im Folgenden machen wir Sie mit den bekanntesten Weinsorten Österreichs bekannt, unter denen sich bestimmt auch Ihre künftige Lieblingssorte befindet.

Weißweine

Bouvier

Goldgelber, milder, extraktreicher Wein, dem manchmal ein leichter Muskatgeschmack anliegt. Vorwiegend im Burgenland verbreitet und nach dem Züchter der Traube Clotar Bouvier benannt.

Frühroter Veltliner

Milder Tischwein. Zählt zur Familie der Veltliner.

Goldburger

Blaßgelb, voll, körperlich und fruchtig. Eine österreichische Spezialität, ein Neuling der Höheren Lehr- und Versuchsanstalt für Obst- und Weinbau in Klosterneuburg. Je nach der Reife reicht seine Qualität vom Schank- bis zum Prädikatwein.

Grüner Veltliner

Frischer, spritziger, doch auch geschmacksbetonter Wein. Mit rund 40% aller in Österreich erzeugten Weine ist er der meistverbreitete des Landes, dessen ursprüngliche Heimat wahrscheinlich die Westslowakei und Südmähren sein dürften. Der Grüne Veltliner wird im allgemeinen als guter Tischwein bezeichnet, der bereits im zweiten Jahr seine absolute geschmackliche Spitze erreicht. In guten Weinjahren erlangt der Grüne Veltliner aber auch Qualitäten, die ihn unter die europäischen Spitzenweine einreihen. Wegen seiner Reichhaltigkeit an Kohlensäure wird er insbesonders in den heißen Sommermonaten zum beliebten Getränk.

Müller-Thurgau

Milder, lieblicher Wein, je nach Jahrgang mit ausgeprägtem oder manchmal auch kaum wahrzunehmendem Muskatgeschmack. Seine ursprüngliche Heimat liegt im schweizerischen Thurgau, und er gilt als eine Kreuzung zwischen Rheinriesling und Silvaner. In Österreich ist er in allen Weingegenden zu finden und kommt vorwiegend als Tischwein in den Handel. Es werden aus ihm aber auch – und dies besonders im Burgenland – Prädikatsweine erzeugt, nach welchen rege Nachfrage herrscht.

Muskat Silvaner

Extraktreicher, würziger Wein mit Muskatgeschmack, der im Burgenland und in der Steiermark teilweise noch angebaut wird. Seine ursprüngliche Heimat ist jedoch Frankreich (Bordeaux).

Muskateller

Körpervoller Wein mit ausgeprägtem Muskatgeschmack, der im steirischen Grenzgebiet, wie in der Wachau, auf steinigem, sandigem Boden gedeiht.

Muskat-Ottonel

Voller, eleganter Wein mit zartem bis kräftigem und typischem Sortencharakter. Eine österreichische Spezialität, die besonders in Niederösterreich und im Burgenland angebaut wird. Wegen seines Geschmacks ein Wein für Liebhaber der Muskattraube.

Neuburger

Vollmundiger, feinwürziger, goldgelber Wein, dem ein nußartiger Geschmack anhaftet. Eine österreichische Spezialität aus dem Südbahngebiet (Niederösterreich) sowie aus den Weingärten des Burgenlands und der Wachau.

Rheinriesling

Pikanter, fruchtiger Geschmack. Wird vorwiegend in der Wachau gelesen und dürfte aus dem Rheingau nach Österreich gekommen sein. Gilt als Tischwein, der in guten Jahren zum blumigen Qualitätswein wird.

Rotgipfler

Rassiger, vollmundiger Wein mit angenehmer Säure. Vorwiegend im Weinbaugebiet »Gumpoldskirchen« gelesen. Hervorragender Qualitätswein. Mit dem Zierfandler verschnitten erreicht er Spitzenqualität.

Silvaner

Süffiger, milder Tafelwein, dessen Anbau in Österreich kaum von Bedeutung ist. Seine Heimat dürfte Rumänien (Siebenbürgen) sein. Hat keinerlei Verwandtschaft mit dem Muskat-Silvaner.

Traminer

Goldgelber, vollmundiger Wein mit feinem ausgeprägtem Aroma. Kommt aus Niederösterreich (Weinviertel) und aus dem Burgenland. Gilt als internationaler Spitzenwein, dessen Sorte zu den edelsten Weinen der Welt gezählt wird.

Weißburgunder

Harmonischer, körperreicher und voller Wein mit zartfeiner Burgunderblume. Seine Heimat ist ebenfalls Frankreich. In Österreich nimmt er nur rund 3,5% der Rebfläche in Anspruch. Erreicht als Altwein Spitzenqualität.

Welschriesling

Süffiger, zartherber Wein mit feinwürzigem Geschmack und fruchtiger Säure. Seine Heimat ist Frankreich. In Österreich wird er im Burgenland und in der Steiermark gelesen. Ist jedoch mit dem Rheinriesling nicht verwandt.

Zierfandler

Heller, goldgelber, harmonischer und körperreicher Wein mit würzigem Charakter. Wird vorwiegend in Gumpoldskirchen (Niederösterreich) gelesen, wo er mit dem Etikett »Gumpoldskirchner Königswein« gekennzeichnet wird.

Rotweine

Blauburgunder

Milder, samtiger und vollmundiger Qualitätswein, dessen Reben erst in jüngerer Zeit im Burgenland und in Niederösterreich angepflanzt werden. Ebenfalls eine Neuzüchtung der Höheren Bundeslehr- und Versuchsanstalt für Obst- und Weinbau in Klosterneuburg.

Blaufränkisch

Gerbstoffarmer, gehaltvoller, samtig schmeckender Wein, der im Burgenland kultiviert wurde, aber auch von Hauern anderer Bundesländer gelesen wird.

Blauer Portugieser

Milder, süffiger Tischwein, der jung getrunken werden soll. Rotwein mit der größten Anbaufläche in Österreich (rund 5%). Wird auch als »Vöslauer« bezeichnet.

Blauer Wildbacher (Schilcher)

Gut verträglicher, belebender Tischwein, dem eine kräftige, jedoch angenehme Säure anhaftet. Ein Wein, der gut gekühlt getrunken werden soll.

St. Laurent

Samtroter Qualitätswein, der mit zunehmender Reife vollmundig schmeckt. Eine Art des »Blauburgunders«, dessen Heimat Frankreich ist. Guter Qualitätswein, besonders im Burgenland und in Niederösterreich gezogen.

Zweigelt

Fruchtiger und rassiger Rotwein, der mit zunehmender Reife immer milder im Geschmack wird. Besonders im Burgenland und in Niederösterrreich verbreitet. Der Wein erhielt seinen Namen von seinem Züchter, Dr. Fritz Zweigelt von der Höheren Lehr- und Versuchsanstalt für Obst- und Weinbau in Klosterneuburg. Der Zweigelt gilt als österreichischer Beaujolais und als bevorzugte Sorte für Roséweine.

Kalterer

Aus Südtirol (Italien) stammender, leichter und süffiger Tischwein, der in der österreichischen Gestronomie schon längst seinen Stammplatz gefunden hat.

Das kleine ABC des Weines

Abgang

Der Nachgeschmack des Weines, dessen langes Anhalten als Qualitätsmerkmal gilt, da dies auf einen hohen Extraktgehalt hinweist

Armer Wein

Dünner Wein, dem es an Extrakten fehlt

Blume

Der Duft des Weines

Bukett (Aroma)

Der Gehalt des Weines an Duftstoffen bzw. die Summe jener Stoffe des Weines, die dessen Duft- und Geschmacksbild ergeben

Edel

Charakterisierung eines Spitzenweines

Extraktreich

gehaltvoller Wein

Faßlgeschmack

Wein, der den Geschmack des Fasses angenommen hat

Feurig

Kräftig schmeckender Wein. Vorwiegend auf Rotwein bezogen

Fruchtig

Wein, der den Geschmack frischen Obstes hat

Gebrochen

Trüber, fehlerhafter Wein

Gerebelt

Von Stielen und Stengeln befreite Trauben

Harmonisch

Ein Wein, bei dem alle Geschmacksmerkmale harmonieren

Herb

Trockener Wein mit hohem Gerbstoffgehalt. Fälschlich werden damit auch säurereiche Weine bezeichnet

Heuriger

Jungwein der letzten Ernte, aber auch das Lokal, in dem Wein ausgeschenkt wird

Körperreich

Extraktreich

Mild

Ein Wein, der nur wenig Säure aufweist

Nervig

Kräftig, säurebetont

Pantschen

Den Wein mit verbotenen Zusätzen oder Wasser vermengen

Pikant

Wein von hervorschmeckender Säure

Resch

Wein mit hohem Gehalt an Fruchtsäure und kaum vorhandenem Zuckerrest

Rund

Wein, bei dem Säure und Zucker harmonieren

Samig

Milder Rotwein mit geringem Gehalt an Gerbstoffen

Sauer

Wein mit hohem Säuregehalt

Schwer

Körperreicher Wein mit hohem Alkoholgehalt

Spritzig

Junger Wein mit viel Kohlensäure

Staubig

Leicht getrübter Wein

Süffig

Leichter, zum Trinken anregender Wein

Trocken

Gut durchgegorener Wein ohne Restzucker

Verschneiden

Das Vermengen verschiedener Weinsorten

Weich

Säurearmer Wein

Es gibt kein Bier im Himmelreich, d'rum trinken wir's auf Erden gleich.

Über das Bier

Bier ist ein Naturprodukt, das so alt ist wie die Kulturgeschichte der Menschheit. Schon die Sumerer (3000 Jahre vor Christi) verstanden es, Bier zu brauen. Bei den Babyloniern war das Bier bereits zum Volksgetränk geworden, und schon rund 700 v. Chr. erließ König Hammurabi ein Gesetz, das den Ausschank von Bier regelte.
Auch bei den Assyrern stand das Bier in hohem Ansehen, während es bei den Ägyptern, bereits um 1000 vor Chr., zwanzig verschiedene Biersorten zur Auswahl gab.
Die Griechen und Römer schlossen bei ihren Eroberungszügen durch den Vorderen Orient ihre Bekanntschaft mit dem Bier, dem sie gern zusprachen; und auch die Germanen nahmen jede Gelegenheit wahr, um zu ihrem Bier zu greifen.
Natürlich hatte das germanische Urbier nicht die Qualität unseres Gerstensaftes, es war auch nicht so lange haltbar.

In unseren Breiten erreichte die Kunst des Bierbrauens ihren ersten Höhepunkt im Mittelalter, wo es die Klostermönche waren, die sich als wahre Braumeister erwiesen.
Erst im 11. Jahrhundert, als das Bürgertum den Adel als Wirtschaftstreibenden ablöste, entstanden die ersten Brauereien, deren Führung nicht in den Händen Geistlicher lag. Bier wurde nun zum Alltagsgetränk der Bauern und Arbeiter, aber auch der reichen Handelsherren. Besonders in Böhmen blühte die Braukunst, wo Bier bis heute das beliebteste Getränk geblieben ist.

Von Böhmen aus nahm das Bier seinen Siegeszug nach Bayern und Österreich. Einer Bürgerverordnung aus dem Jahre 1212 ist zu entnehmen, daß Bier auch in Wien eingeführt werden durfte.
Bereits im 14. Jahrhundert gab es in Österreich Wirtshäuser, in welchen Bier ausgeschenkt wurde, und 1384 erstmals ein Wiener Brauhaus, das amtlich erwähnt wurde.
Gegen Ende des 15. Jahrhunderts wurde bereits untergäriges Bier gebraut, und da hatte sich auch schon die Verwendung des Hopfens bei der Biererzeugung durchgesetzt.
Der große Siegeszug des Bieres begann aber

erst in der zweiten Hälfte des 19. Jahrhunderts mit der industriellen Erzeugung des hellen, untergärigen Lagerbiers, an dessen Entwicklung der österreichische Bierbrauer Anton Dreher wesentlich beteiligt war. Österreich wurde zu einem der bedeutendsten Bierexportländer. Österreichische Brauer waren es auch, die bei der Pariser Weltausstellung im Jahre 1867 große Erfolge zu verbuchen hatten. Österreich war zum »Land des Bieres« geworden.

Biersorten in Österreich

Bockbier

Bernsteinfarbenes, vollmundiges, fein gehopftes und alkoholreiches Bier. Wird vorwiegend zu den großen Feiertagen wie Ostern und Weihnachten gebraut

Spezialbier

Hellgelbes, vollmundiges, würziges und feingehopftes Bier

Pils

Hellgelbes, wenig malziges, hopfenbitteres, erfrischendes Bier mit unterschiedlichem Stammwürzegehalt (11 bis 13 Grad)

Märzen/Lager

Hellgelbes, malzig ausgewogenes, mild hopfenbitteres, harmonisches Bier

Weißbier/Weizenbier

Hellgelbes, schwach gehopftes, kohlesäurereiches, erfrischend spritziges Bier, das im Gegensatz zu Gerstenbier obergärig und mit Hilfe von Weizenmalz hergestellt wird

Dunkel

Sehr dunkles, schwach gehopftes, vollmundig malziges Bier

Nährbier

Stark malziges, süßes und nahrhaftes, alkoholarmes dunkles Bier

Alkohol und Stammwürzegehalt

	Alkoholgehalt	Stammwürze
Schankbier	3,5%	10 bis 11,9 Grad
Lager –, Märzenbier	3,8 bis 4%	12 bis 12,9 Grad
Spezialbier	über 4%	13 bis 14 Grad
Bockbier	über 5%	16 Grad und mehr

Österreichische Brauereien

Kärnten

Brau- und Getränkeindustrie

Schleppe Märzen, Wolfsberger Märzen, Klagenfurter Stadtpils, Lindwurm Doppelmalz und Herkules Bock

Brauerei Hirt

Märzenbier, Privatpils, Exportpils, Hirter Morchl und Festbock

Schloßbräu

Schloßbräu (Märzen)

Vereinigte Kärntner Brauereien

Villacher Bier (Märzen), Export, Glockner Pils, Festbock, Senator, Villacher Gold und Doppelmalz

Niederösterreich

Brauerei Josef Lehn

Lagerbier, Gambrinusbier, Pezbier und Weihnachtsbock

Brauerei Hermann Pöpperl

Weitra Bräu Hell, Weitra Bräu Dunkel, Weitra Bräu Spezial, Weitra Pils, Weitra Bräu Weihnachtsbier und Weizengold

Brauerei Karl Riedmüller

Hainfelder Lagerbier, Hainfelder Spezial, Weihnachtsbier und Hainfelder Lager Dunkel

Brauerei Wieselburg

Kaiser Premium, Kaiser Märzen, Kaiser Doppelmalz, Kaiser Festbock, Wieselburger Gold und Wieselburger Spezial

Brauerei Zwettl

Zwettler Export, Zwettler Bayrisch, Zwettler Stiftsbräu, Zwettler Export-Dose, Goldzweigpils Privat, Festbock, Waldmark und Waldviertler Stiftsbräu

Bierbrauerei Karl Theodor Trojan

Schremser Märzenbier, Schremser Spezial Gold, Schremser Doppelmalz und Schremser Weihnachtsbräu

Hubertusbräu

Hubertus Lager, Hubertus Pils, Hubertus

Herrenpils, Weihnachtsbier und Hainfelder Lager Dunkel

Privatbrauerei Fritz Egger

Egger Bier und Egger Pils

Oberösterreich

Braucommune Freistadt

Freistädter Märzen, Freistädter Lager Dunkel, Freistädter Ratsherrentrunk, Freistädter Schloßbräu, Freistädter St. Florian und Freistädter Weihnachtsbock

Brauerei Baumgartner

Baumgartner Pils, Baugartner Doppelmalz, Baumgartner Märzen, Baumgartner Gambrinus-Bräu, Baumgartner Export, Baumgartner Jubiläumsbier, Baumgartner Hopfengold und Baumgartner Weihnachtsbräu

Brauerei Grieskirchen

Grieskirchner Märzen, Grieskirchner Export Hell, Grieskirchner Pils, Grieskirchner Export Dunkel, Grieskirchner Kraftmalz, Grieskirchner Weihnachtsbock, Grieskirchner Osterbock, Jörger Hell, Jörger Weiße und Jörger Kristallweizen

Brauerei Eggenberg

Eggenberger Märzen, Eggenberger Spezial, Eggenberger Urbock, Eggenberger Schloßpils, Eggenberger Hopfenkönig, Eggenberger Festbock und Milde Sorte – Dosenbier

Brauerei Hans Hofmann

Aspacher Lager, Goldhell Export und Urbräu Premium

Brauerei Hofstetten

Hofstettner Märzen, Hofstettner Pils, Hofstettner Bock, Hofstettner Spezial Dunkel und Mühlviertler Gold

Brauerei Ernst Mayr

Mayrbier Märzen, Mayrbier Spezial Hell, Mayrbier Dunkel, Mayrbier Festbräu und Kremstaler Pils

Brauerei Neumarkt

Ritterbräu Märzen, Ritterbräu Export Hell, Ritterbräu Export Dunkel, Ritterbräu Pils und Ritterbräu Festbock

Brauerei Raschhofer

Raschhofer Märzen, Raschhofer Export – helles Spezialbier und Burgbräu

Brauerei Ried

Rieder Märzen, Rieder Meisterbräu, Rieder Festbier, Rieder Pils, Rieder Weißbier (ohne Hefe), Rieder Weißbier (mit Hefe), Rieder Weißbier Dunkel (mit Hefe) und Rieder Malz

Brauerei Schnaitl

Schnaitl Märzen, Schnaitl Florian, Schnaitl

Bock, Schnaitl Dunkel, Schnaitl Pils und Riegertinger Lager

Brauerei Vitzthum

Uttendorf Lager, Uttendorf Export, Uttendorf Falstaff, Uttendorf Bock und Uttendorf Pils

Brauerei Franz Wild

Bräu am Berg Hell, Bräu am Berg Dunkel, Bräu am Berg Bock und Bräu am Berg Hopfengold

Brauerei Franz Wurmhöriger

Wurmhöriger Märzen, Wurmhöriger Spezial und Wurmhöriger Bock

Brauerei Zipf

Zipfer Urtyp, Zipfer Märzen, Zipfer Doppelgold, Zipfer Pils und Zipfer Stefanibock

Kapsreiter Bräu

Kapsreiter Märzen, Kapsreiter Edelhell Export, Kapsreiter Edelgold, Kapsreiter Hopfenkrone, Kapsreiter Pils und Kapsreiter Festbock

Kellerbrauerei Mitterbucher & Söhne

Kellerbräu Hell, Kellerbräu Spezial, Kellerbräu Festbock, Kellerbräu Dunkel und Kellerbräu Pils

Schartner Fein

Mühlgruber Spezial, Mühlgruber Pils, Mühlgruber Export-Märzen, Mühlgruber Dunkel, Mühlgruber Doppelbock, Mühlgruber Festbock und Tassilopils

Stiftsbräu Schlägl

Schlägler Klosterbräu Märzen, Schlägler Klosterbräu Kristall, Schlägler Klosterbräu Malz, Schlägler Klosterbräu Abteipils und Schlägler Klosterbräu Doppelbock

Augustiner Kloster Mülln

Augustinerbier Brauhausfüllung und Augustiner Bockbier

Brauerei Noppinger

Noppinger Lager Hell, Noppinger Spezial, Noppinger Festtrunk und Noppinger Festbier

Brauerei Schwarzach

Pongauer Märzen, Pongauer Dunkel, Tauerngold, Pongauer Pils und Festbock

Brauerei Josef Sigl

Trumer Märzen, Trumer Dunkel, Trumer Pils, Trumer Bock und Weizengold

Hofbräu Kaltenhausen

Kaiser Märzen, Kaiser Premium, Kaiser Goldquell, Kaiser Festbock und Schützenbräu

Stieglbrauerei zu Riedenburg

Stiegl Gold, Stiegl Spezial, Stiegl Columbus, Stiegl Paracelsus, Stiegl Pils, Stiegl Export, Stiegl Weihnachtsbier und Stiegl Osterbock

Weißbräu

Hefe-Weißbier

Steiermark

Brauerei Reininghaus und Brauerei Puntigam

Puntigamer Panther, Puntigamer Märzen, Puntigamer Heller Bock, Puntigamer Dunkler Bock, Puntigamer Export, Puntigamer Steirergold, Reininghaus Märzen, Reininghaus Pils, Reininghaus Export, Reininghaus Doppelmalz und Reininghaus Steirergold

Erste Alpenländische Volksbrauerei

Schladminger Bier, Knappengold, Schladminger Bier Dunkel, Schladminger Spezial,

Schladminger Festbockbier und Schladminger Export

Erste Obermurtaler Brauereigenossenschaft

Murauer Märzen, Murauer Pils, Murauer Doppelmalz, Murauer Spezial und Murauer Bock

Gösser Brauerei

Gösser Märzen, Gösser Spezial, Gösser Pils, Gösser Stiftsbräu, Gösser Export, Gösser Heller Bock, Gösser Dunkler Bock und Gösser Steirergold

Tirol

Adambräu

Märzen, Spezial, Bartholomäus Dunkel, Festbock, Gletscherpils, Urhell, Gold Export, Export und D-Pils

Brauerei Josef Huber

Hubertusbräu Märzen, Hubertusbräu Spezial, Hubertusbräu Pils, Hubertusbräu Doppelmalz, Tiroler Edelweizen, Tiroler Hefeweizen und Tiroler Weizenbock

Brauerei Schloß Strakenberg

Gold Lager, Gold Spezial, Schloßpremium und Schloßpils

Brauerei Simon Strasser

Zillertal Edelmärzen, Zillertal Edelpils, Zillertal Pils, Gauder Bock, Festbock, Dunkel, Spezial und Pils

Bürgerliches Brauhaus Innsbruck

Kaiser Goldquell, Kaiser Premium, Kaiser Festbock, Kaiser Märzen, Kaiser Doppelmalz und Zipfer Märzen

Bierbrauerei Fohrenburg

Fohrenburger Jubiläumsqualität, Fohrenburger Jubiläumspils, Engelburgbräu, Fohrenburger Bock und Fohrenburger Doppelmalz

Brauerei Egg

Egger Spezial, Egger Export, Egger Edelpils, Egger Premium und Egger Spezial Dunkel

Mohrenbrauerei August Huber

Spezialbier, Doppelmalzbier, Exportbier, Wieserbier, Bockbier, Pilsner Bier, Nährkraftbier und Mohrenbräu Export

Vorarlberger Brauerei-Genossenschaft Frastanz

Franstanzer Gold Spezial, Frastanzer Export, Kronenpils, Franstanzer Bock und Frastanzer Premium

Brauerei Schwechat

Schützenbier, Schwechater Lager, Hopfenperle, Steffel, Skol, Festbock und Doppelmalz

Brauhaus Nußdorf

Sir Henry's English Stout

Ottakringer Brauerei

Ottakringer Dunkles Bier, Ottakringer Goldfaßl Spezial, Ottakringer Goldfaßl Pils, Ottakringer Bock und Ottakringer Helles Bier

Alkoholfreie Getränke

Almdudler

Kräutergetränk (kohlensäurehaltig)

Kracherl

Sprudel mit Geschmack

Mineralwasser

Mineralhältige Gesundheitswässer (Selters) verschiedener Herkunft

Obi

Apfelsaft

Pago

Verschiedene Fruchtgetränke ohne Sodawasser (Sprudel)

Sodawasser (Siphon)

Kohlensäurehaltiges Wasser

In weiterer Folge sind fast alle internationalen alkoholfreien Getränke wie Coca Cola, Lift, Sprite, Schweppes, Tonic water etc. in österreichischen Restaurants und Gaststätten vorzufinden.

Maße für einheimische Getränke

Bier offen

Pfiff

Etwa ein Achtelliter Bier (wird jedoch nicht überall ausgeschenkt)

Kleines Bier (Seidel)

0,3 Liter in einfachem Glas, Henkelglas oder Stielglas

Großes Bier (Krügel)

0,5 Liter in einfachem Glas, Henkelglas oder Stielglas

Bier in Flaschen

Kleine Flasche

0,3 Liter Inhalt

Große Flasche

0,5 Liter Inhalt

Schnäpse

Stamperl

Einfach oder doppelt, 2 cl oder 4 cl

Frakerl oder Buderl

Kleines Fläschchen mit 1/16 Liter Inhalt

Wein (offen)

Glas

Glas mit oder ohne Stiel, das 1/8 Liter beinhaltet

Viertel

Entweder kleiner Krug mit 1/4 Liter Inhalt und ein Achtelglas dazu oder 1/4-Liter-Glas (normal, Henkelglas oder Römer)

Halber

Krug mit 1/2 Liter Inhalt und Achtelglas dazu

Liter

Krug mit 1 Liter Inhalt

Wein (Flasche)

Bouteille

Flasche mit 7/10 Liter Inhalt

Stifterl

Kleine Flasche mit 0,35 Liter Inhalt

Doppler

Zweiliterflasche

Im Kaffeehaus sitzen Leute, die allein sein wollen, aber dazu Gesellschaft brauchen.

Über den Kaffee

Betont wird das Wort Kaffee in Österreich auf der letzten Silbe, auf dem »e« also. Es bleibt Ihnen jedoch freigestellt, ob Sie das erste oder das zweite »e« bevorzugen. Wenn Sie Kaffee justament auf der ersten Silbe, auf dem »a« betonen wollen, reden wir am besten gar nicht weiter.

Natürlich versucht die Werbung auch bei uns in Österreich die Mär zu verbreiten, daß »deutsche Frauen den besten Kaffee der Welt« kochen. Die Betonung liegt auf dem »a«. Da wissen wir schon alles. Nichts gegen die Kochkünste der deutschen Frauen, aber wie, um alles in der Welt, kann denn ein auf der ersten Silbe betonter Kaffee der beste der Welt sein?

So viel also über die Betonung und ihre Bedeutung.

In jahrhundertelanger Tradition haben wir jene Institution geschaffen, die heute untrennbar mit Österreich verbunden ist. Wien

nimmt diesbezüglich eine Vorrangstellung ein, die es sich deshalb verdient hat, weil es zweimal (1529 und 1683) vergeblich von den Türken belagert wurde. Und die Türken brachten den Kaffee nach Mitteleuropa.
Die Institution aber, von der die Rede war, ist das Kaffehaus (Betonung auf »e«). Wer dem Kaffeehaus einen etwas nobleren Anstrich geben will, sagt dazu Café. Völlig falsch wäre es jedoch, in ein Caféhaus zu gehen, weil es das gar nicht gibt. Entweder Kaffeehaus oder Café. Es ist zwar kein Sakrileg, ein Espresso aufzusuchen, aber von Kaffeehauskultur zeugt das nicht.

Und eine kulturelle Handlung ist es allemal, in einem Kaffeehaus zu bestellen. »Kaffee« allein bestellt man selbstverständlich nicht. Zu groß ist die Auswahl. Achten Sie aber stets darauf, in welchem Teil Österreichs Sie sich befinden, denn eine Vorarlberger Kaffeespezialität etwa wird man nicht in Wien oder sonstwo bestellen oder umgekehrt.
Wählen Sie also Ihren Kaffee:

Brauner, klein oder groß

Schwarzer Kaffee, dem Milch beigemengt wird, bis er eine braune Farbe erhält

Café Royal

Kaffee mit Weinbrand, der zuvor über ein Stück Würfelzucker gegossen und angezündet wird

Doppelmokka

Doppelt starker Kaffee in großer Mokkaschale

Einspänner

Im Henkelglas servierter schwarzer Kaffee mit Sahne und Puderzucker

Espresso, groß und klein

Schwarzer Kaffee aus der Espressomaschine

Festspielkaffee (Burgenland)

Verlängerter Mokka, dem Drambuie (Cognac) und Sahne beigemengt wird, ehe er mit geschlagener Sahne und einem fadenartigen Netz aus Honig verziert und serviert wird

Fiaker

In Glas oder Schale servierter schwarzer Kaffee, der mit Kirschwasser oder Rum »gespritzt« und mit einer Kirsche verfeinert wird

Grafenkaffee (Tirol)

Ein mit Orangenpunsch, Jamaica-Rum und Rohrzucker vermengter kleiner Mocca, den eine mit geriebenen Haselnüssen bestreute Haube aus geschlagener Sahne ziert

Häferlkaffee

Im kalten Wasser zum Kochen gebrachter Kaffee, der, nachdem er vom Feuer genommen wurde, noch etwa fünf Minuten ziehen muß, bevor er serviert wird

Kaffee »Blondl« (Niederösterreich)

Verlängerter Mokka mit Kaffeeobers, Honig und einem Spritzer Marillenlikör, verziert mit einer Haube aus geschlagener Sahne und grillierten Bröseln

Kaffee »Gastro« (Kärnten)

Verlängerter Mokka, vermischt mit Sahne und Marzipanlikör, dem eine mit Pistazien verzierte Haube aus geschlagener Sahne aufgesetzt wird

Kaffee »Intermezzo« (Wien)

Kleiner Mokka, mit abgekochter heißer Schokolade und Crème de Cacao verrührt, dem eine Haube aus geschlagener Sahne mit Mokkabohne oder Praline aufgesetzt wird

Kaffee »Ländle« (Vorarlberg)

Eine Schale schwarzer Kaffee wird mit Rohrzucker, Gravensteiner- und Mokkalikör vermengt, dazu kommt eine Gewürzmischung aus Kardamon und gemahlenem Zimt. Das Ganze wird mit ungesüßter Sahne aufgespritzt und mit einer Gewürzmischung und Schokoladenspänen bestreut

Kaffee »Mozart« (Salzburg)

Kleiner Mokka mit Mozartlikör, dem eine mit

grillierten Mandelsplittern bestreute Haube aus geschlagener Sahne aufgesetzt wird

Kaffee »Premiere« (Steiermark)

Großer Mokka, dem ein mit Vanillezucker vermengter Feigenlikör beigemengt wird und der mit einer Haube aus geschlagener Sahne versehen wird

Kaffee »Salzkammergut« (Salzburg)

Verlängerter Mokka mit Nougatsauce und Kaffeelikör, dem eine mit einer Kaffeebohne verzierte Haube aus geschlagener Sahne aufgesetzt wird

Kaffee »Maria Theresia«

Im Stielglas servierter Mokka, dem 2 cl Orangenlikör beigefügt und der mit einer Haube aus geschlagener Sahne versehen wird

Kaffee »St. Stephan«

Großer Mokka, mit 2 cl Pfefferminzlikör (Crème de Menthe) vermengt

Kaffee »Verkehrt«

In der Teeschale servierter kleiner Mokka, der mit geschäumter heißer Milch aufgegossen wird

Kaisermelange

Großer Mokka ohne Milch, dafür mit Eidotter, Honig, Cognac oder Weinbrand verrührt

Kapuziner

Mit einigen Tropfen Sahne versetzter kleiner Mokka

Kurzer

Mokka, mit nur wenig Wasser zubereitet

Konsul

Großer Mokka, dem ein Schuß Sahne beigemengt wird

Mazagran

Mit Maraschino, Gewürzen und flüssigem

Zucker sowie mit Eiswürfeln im Spezialglas servierter kalter Kaffee

Melange

Eine Schale Kaffee mit heißer Milch

Mokka, klein oder groß

Schwarzer Kaffee in kleiner oder großer Mokkatasse

Mokka gespritzt

Mokka mit ein wenig Rum oder Weinbrand

Obers gespritzt

Flüssige Sahne mit ein wenig Kaffee

Pharisäer

Ein großer Mokka mit 4 cl Rum und geschlagener Sahne

Schale Gold

Kaffee mit Sahne so vermischt, daß er eine goldbraune Farbe erhält, somit also heller als ein Brauner ist

Schwarzer, klein oder groß

Starker Kaffee ohne Milch oder Sahne

Teeschale Obers gespritzt

Teeschale Milch mit Sahne und einigen Tropfen Kaffee vermengt

Türkischer

Feingemahlener Kaffee im Kupferkännchen aufgekocht, im Kännchen samt Kaffeesatz serviert

Verlängerter

Kleiner Mokka, mit heißem Wasser auf das Maß eines großen Mokkas verlängert

Wiener Eiskaffee

Großer kalter Mokka mit Vanilleeis, Schlagsahne und Puderzucker

Wiener Spezialeiskaffee

Wiener Eiskaffee, dem noch Mandarinenlikör beigemengt wird.

Internationale Kaffeespezialitäten

Café »Bénédictine«

Kaffee mit Bénédictine und Zucker vermengt, mit Schlagsahne versehen und mit Kakaopulver bestreut

Café »Cointreau«

Stielglas wird mit dem Rand in Zitronen- oder Orangensaft genetzt, danach in Kristallzucker getaucht und mit gesüßtem Kaffee und Cointreau aufgefüllt

Café »Venezuela«

Kalter Kaffee im Stielglas, der mit Jamaica-Rum, Orangen- oder Grapefruitsaft, Eiswürfel und Zucker vermischt wird, ehe er mit einer Zitronenscheibe und einer Kirsche versehen und serviert wird

Irish Coffee

Whisky und brauner Rohrzucker, mit starkem Kaffee aufgegossen und mit Schlagsahne versehen

Kaffee »Cherry«

Kaffee im Spezialglas mit Sherry Brandy vermengt, darüber Schlagsahne, die mit zwei Maraschinokirschen verziert wird

Kosakenkaffee

Rotwein, Wodka und ein kleiner Mokka, mit flüssigem Zucker vermischt, im Einspännerglas serviert

Persischer Kaffee

Rahat, eine Art Süßstoff, eine Prise Kardamom, Zimt und Muskat, mit sehr heißem und starkem Kaffee in einer Mokkaschale serviert

Rüdesheimer Kaffee

Asbach mit Zucker in einer Rüdesheimer Kaffeetasse angezündet, dann mit heißem Kaffee bis knapp unter dem Rand aufgefüllt, mit Schlagsahne verziert, darauf Schokoladeraspeln

Schwarzwälder Kaffee

Kleiner Mokka mit halbgeschlagener Sahne und Schwarzwälder Kirsch im Einspännerglas

Steuermannskaffee

Zucker, gerieben an einer Orangenschale, Zimt, Gewürznelken und Orangenschale in Rum erhitzt, mit heißem Kaffee aufgegossen, im Einspännerglas serviert

Über das Rauchen

Noch im vergangenem Jahrhundert war es in manchen Teilen unserer Städte behördlich verboten zu rauchen! Heute wird niemand mehr behördlich beanstandet, wenn er zu seinem geliebten »Glimmstengel« greift. Und weder berechtigte ärztliche Ermahnungen noch die gewaltige Besteuerung der Tabakwaren haben es vermocht, den Raucher um seinen Genuß zu bringen.

Zigarettensorten in Österreich

MARKE	Rauchinhaltsstoffe in mg	Rauchnikotin in mg
ARKTIS	12	0,6
AUSTRIA 3	19	1,2
AUSTRIA 3 FILTER	14	0,8
BELVEDERE	12	0,7
BENSON & HEDGES	16	1,2
CAMEL	19	1,3
CAMEL FILTER	15	0,9
CAMPAGNE	15	0,9
CASABLANCA	7	0,7
CHESTERFIELD FILTER	16	1,1

MARKE	Rauch-inhalts-stoffe in mg	Rauch-nikotin in mg
DA CAPO	11	0,5
DAMES	13	0,7
EGYPTISCHE I. SORTE	22	1,3
ERNTE 23	14	0,9
FALK	10	0,5
FLIRT	24	1,3
FLIRT FILTER	15	0,7
FUTURA	9	0,5
GAULOISES	19	1,1
GAULOISES FILTER	11	0,6
GAULOISES BLONDES	14	1,0
GITANES	19	1,3
GITANES FILTER	11	0,7
GOLDEN SMART	15	0,8
HB-KRONENFILTER	15	0,9
HOBBY	12	0,8
HOBBY EXTRA	14	1,0
JOHN PLAYER SPECIAL	16	0,9
JOHNNY FILTER	13	0,8
JOHNNY	28	1,9
KENT	13	1,0
KIM	12	0,7
L & M	14	0,9
LORD EXTRA	9	0,5
M	15	1,0
MARLBORO	15	0,9
MARLBORO LIGHT	9	0,7
MAVERICK	12	0,8
MELODY	7	0,7
MEMPHIS	13	0,7

MARKE	Rauch-inhalts-stoffe in mg	Rauch-nikotin in mg
MEMPHIS LIGHT	9	0,7
MEN	10	0,8
MILDE SORTE	10	0,5
MILDE SORTE 100	12	0,6
MILDE SORTE SUPER	8	0,3
MILD SEVEN	13	0,9
MS FILTRO	16	1,1
NIL ORIENT	25	1,3
OLD SPLENDOR	14	1,0
PALL MALL 100	16	1,0
PARISIENNE SUPER	12	0,6
PETER STUYVESANT	14	0,9
PLAYER's MEDIUM NAVY CUT	24	1,6
PLAYER's NO. 6 FILTER	16	1,2
REVAL	19	0,9
REYNO	16	1,0
RONSON	15	1,6
ROTHMANS KING SIZE	17	1,4
SMART EXPORT	13	0,7
TREFF	19	1,0
TREND	5	0,2
WINSTON	17	0,9

Die Statistik besagt, daß der österreichische Durchschnittsbürger im Laufe seines Lebens 30.000 Eier, 6000 Laib Brot, 4.000 Kilo Kartoffeln, 3.500 Kilo Rindfleisch, 12 Schafe, 15 Schweine, 5 Kälber und 3.000 Kilo Fisch ißt – was kann da schon ein bißchen Schlagobers ausmachen…

Über Gewichte

Wenn wir Österreicher schon einmal vom Pfund sprechen, dann denken wir dabei meist an das Englische Pfund, d. h. an eine Währung. Damit sei jedoch nicht zum Ausdruck gebracht, daß wir Österreicher *nur* an das liebe Geld denken.
Aber andere Länder, andere Sitten! So bestellt man bei uns zum Beispiel nur sehr selten 100 Gramm einer Ware. Gewiß, auch unser Greißler (Krämer, Kaufmann) weiß, was damit gemeint ist, wir allerdings sagen 10 Deka (Dekagramm). Ein halbes Pfund ist bei uns ein Viertelkilo (25 Dekagramm).
Aber machen Sie sich bitte deshalb keine Sorgen. Drücken Sie sich ruhig so aus, wie Sie es

von daheim gewöhnt sind. Sie sind der Gast in unserem Lande – und der Gast ist König. Damit Sie aber auch uns verstehen, sei nachstehende Tabelle angeführt.

1 Gramm	1 Gramm
1 Deka (Dekagramm)	10 Gramm
10 Deka (Dekagramm)	100 Gramm
1/8 Kilo	1/4 Pfund
1/4 Kilo	1/2 Pfund
1/2 Kilo	1 Pfund
3/4 Kilo	1 1/2 Pfund
1 Kilo	2 Pfund

12 1/2 Dekagramm	125 Gramm
25 Dekagramm	250 Gramm
50 Dekagramm	500 Gramm
75 Dekagramm	750 Gramm
100 Dekagramm	1000 Gramm

Wenn Zeit Geld ist, dann lebt heute bereits jeder über seine Verhältnisse.

Über das Geld

Es ist uns bewußt: Über Geld spricht man nicht – Geld hat man. Mit den Österreichern kann man jedoch über Geld reden – sie haben ja keines. So wie der Hungrige stets über Brot spricht, redet der Alpenländer über das Geld. Er hat zu seiner Währung, dem Schilling, eine gewisse scheue Verehrung entwikkelt.

Wenn er ihn »Alpendollar« nennt, dann schwingt in dieser Bezeichnung sogar verständnislose Ehrfurcht mit.

Viel lieber benennt der Österreicher den Schilling und sein verschiedenartiges Auftreten mit anderen Namen, wie ja auch der Teufel in vielen Verkleidungen auftritt. Denken Sie nur an den Leibhaftigen, den Gottseibeiuns, den Höllenfürsten usw.

Beinahe zärtlich klingt es, wenn der Österreicher von seiner »Marie« spricht und damit das »Moos«, »Mehl« oder »Gerschtl« meint.

Nur äußerst selten bringt er es zu einem »Fetzen«, der als »Fleck« oder »Blauer« die Zahl 1000 aufgeprägt hat. Nahezu jeder Österreicher aber verfügt über genügend Kleingeld, »Schoder«, welches ihn in die glückliche Lage versetzt, nicht sagen zu müssen, daß er »neger« sei und keinen »lukerten Heller« besitze.
Dieses Kleingeld hat er wahrscheinlich als »Maut« oder »Schmattes«, als Trinkgeld eben, von mildtätigen Mitmenschen erhalten.
Wenn auch der Österreicher im Lied singt »Da habt's mei letztes Kranl«, dann ist er eher unzeitgemäß, denn »Kranl« = Kronen gibt es schon lange nicht mehr.
Wenn wir auch »Negeranten« sind, die nie viel Geld ihr eigen nennen, so haben wir doch unsere eigene Währung: den Schilling und den Groschen, in Münzen und Papier.

1 Schilling = ungefähr der siebente Teil einer Mark und der achte Teil eines Schweizer Franken

1 Schilling = 100 Groschen

Münzen

1 Groschen (kaum mehr im Verkehr)
2 Groschen (kaum mehr im Verkehr)
5 Groschen
10 Groschen
50 Groschen
1 Schilling
5 Schilling
10 Schilling
20 Schilling

Silbermünzen (äußerst selten erhältlich)

25 Schilling
50 Schilling
100 Schilling
500 Schilling

Goldmünze

1000-Schilling-Münze (selbst mit besten Beziehungen nicht mehr erhältlich)

Banknoten

Zwanzigschillingschein
Fünfzigschillingschein
Hunderschillingschein
Fünfhundertschillingschein
Tausendschillingschein